# Lire aujourd'hui

13

# Les Mots
# de Jean-Paul Sartre

Présenté par Édouard Morot-Sir
Agrégé de l'Université, Docteur ès lettres,
Professeur à l'Université de Caroline du Nord.

COLLECTION DIRIGÉE PAR MAURICE BRUÉZIÈRE DIRECTEUR DE
L'ÉCOLE INTERNATIONALE DE L'ALLIANCE FRANÇAISE DE PARIS

LIBRAIRIE HACHETTE, 79, BOULEVARD SAINT-GERMAIN, PARIS-VIᵉ

Les références concernant l'ouvrage étudié renvoient au texte de l'édition Folio (4e trimestre 1972).

# La vie et l'homme

La vie de Jean-Paul Sartre, dont l'enfance transparaît à travers le texte que nous allons lire et commenter, est simple et pourrait ainsi se résumer : elle est celle d'un universitaire et intellectuel parisien, dont la famille se rattache à un milieu petit-bourgeois provincial, à la fois commerçant et libéral. Par ces conditions mêmes et cet enracinement essentiellement citadin, Sartre est bien, comme il se plaît à le reconnaître dans *Les Mots*, « un produit culturel » français, disons même un produit parisien; il n'a pas eu l'expérience du petit provincial qui débarque un beau jour à Paris et s'apprête à conquérir la capitale par la double échelle de ses salons et de ses lycées. Dans cette perspective, il est né arrivé à Paris, dont les quais, les rues, les places et les jardins auront toujours pour lui un air familier et naturel : Paris a été le complice complaisant et admiratif de ses entreprises.

Quelles entreprises? Elles s'identifient à l'œuvre de l'écrivain : cette vie, apparemment sans histoires, est l'histoire d'une recherche littéraire et philosophique, commencée dans le vertige et les certitudes de l'admiration, — poursuivie avec les aléas du succès, les inquiétudes confessées et les secrètes espérances. Bref, une vie simple, une vie dont les vraies péripéties se confondent avec l'avant et l'après de livres et d'articles qui sont régulièrement jetés sur les étalages du marché parisien, — une vie d'un labeur obstiné, impressionnant, quotidien, — la vie d'une intelligence sans cesse aux aguets, déterminée à tout ramener dans les filets qu'elle lance du haut de son perchoir parisien sur l'expérience des hommes, déterminée à tout comprendre et à tout écrire. Dira-t-on ainsi que Sartre est, à sa façon, un écrivain total dont la vie personnelle est consacrée et sacrifiée à une œuvre qui cherche sa totalité dans la diversité de ses entreprises? Oui, il faut le dire et retenir cette image du sacrifice.

Jean-Paul Charles-Aymard Sartre est né le 21 juin 1905 à Paris, 2, rue Mignard, dans le 16ᵉ arrondissement. Par sa mère il appartient à cette famille Schweitzer, d'origine alsacienne, qui produira aussi Albert Schweitzer **dont on sait la carrière** (*Les Mots,* p. 11) et le grand-père de Jean-Paul, dont une génération au moins d'écoliers français ont connu les manuels d'enseignement de l'allemand. Son père, Jean-Baptiste Sartre, fils d'un médecin de campagne et lui-même officier de marine, glisse hors de la vie de Jean-Paul; il meurt un an après la naissance de l'enfant et il semble que la jeune veuve n'ait pas entretenu le culte du disparu. Ce qui fera dire à Sartre qu'il n'a pas été affligé d'un Sur-moi.

Dès 1905, en raison même du métier du père, peut-on supposer, Jean-Paul est déjà installé, avec sa mère, chez ses grands-parents, Charles et Anne-Marie Schweitzer, dont on lira les remarquables et inoubliables portraits dans *Les Mots.* C'est en 1911 que ce petit groupe familial quitte Meudon pour un appartement parisien, 1, rue Le-Goff (une des quelques précisions topographiques données par Sartre dans son livre, p. 34) dans le 5ᵉ arrondissement. Après des études primaires variées (éducation familiale, un essai malheureux au lycée Montaigne, des leçons particulières), Jean-Paul entre en sixième au lycée Henri-IV. En classe de 5ᵉ il y rencontre Paul Nizan. En 1916 sa mère se remarie à un ingénieur de la marine, M. Mancy. On ne trouve dans *Les Mots* aucune allusion au remariage de sa mère, et il n'y a sans doute pas de raison pour donner à cet événement une valeur exceptionnelle. Toutefois il semble que les trois années passées avec sa mère et son beau-père à La Rochelle correspondent à une période de crise intérieure profonde. De plus, dans la préface au livre de Nizan, *Aden-Arabie,* Sartre notera : **J'ai vécu dix ans de ma vie sous la coupe d'un polytechnicien.** L'expression **sous la coupe** suggère de grandes rancœurs cachées. Mais ne nous laissons pas aller à la tentation d'établir une analogie entre Sartre et Baudelaire aux prises avec son général de beau-père! Il convient simplement d'observer que, si l'enfance — celle que décrit *Les Mots* — se déroule sous la domination et adulation grand-paternelle, l'adolescence a été l'expérience d'une domination étrangère, si je puis dire, et nullement compensée par une admiration illimitée. En 1920, c'est le retour à Paris et au lycée Henri-IV, où Jean-Paul reste jusqu'à la fin de ses études secondaires, couronnées, comme il se doit, par le baccalauréat de philosophie. Le jeune homme passe alors au lycée rival de la Rive gauche, Louis-le-Grand, où il prépare le concours d'entrée à l'École normale supérieure. Il réussit au concours en juin 1924. Il prépare alors sa licence et son agrégation de philosophie. Après un échec en 1928, il est reçu agrégé en 1929, premier de la liste. C'est en cette même année qu'il rencontre Simone de Beauvoir et que se noue une relation pour toute une vie; on en lira le récit dans les divers tomes des mémoires de Simone de Beauvoir. Il ne nous appartient pas ici de dégager le sens de cette rencontre et de cette union; il suffit d'en constater la constance et la profondeur.

En 1931, Sartre est nommé professeur de philosophie au lycée du Havre où il enseignera jusqu'en 1933. En septembre 1933 il est nommé boursier à l'Institut Français de Berlin; il y étudie Husserl et la phénoménologie allemande. En 1934 il est de retour au lycée du Havre, et en 1937, il est nommé professeur au lycée Pasteur à Paris. C'est là que le trouvera l'appel de mobilisation générale en septembre 1939.

Pendant toute cette période, Sartre consacre ses vacances universitaires au voyage : il découvre l'Europe, l'Espagne, l'Angleterre, l'Allemagne, l'Autriche, la Tchécoslovaquie, la Norvège, l'Italie, la Grèce; il va aussi au Maroc. Plus tard, ses voyages l'amèneront dans les autres continents. Prisonnier de guerre, puis libéré en 1941, Sartre rentre à Paris et devient professeur de « Khâgne » au lycée Condorcet. En 1944, il démissionnera pour se consacrer presque exclusivement à son œuvre.

Le mot **existentialisme** est alors de toutes les conversations parisiennes; pour une dizaine d'années, Sartre va dominer la scène intellectuelle et littéraire française. Il fonde *Les Temps Modernes,* revue mensuelle dont le premier numéro sort le 15 octobre 1945, et qui va s'efforcer de montrer ce que peut être la **littérature engagée,** c'est-à-dire la fonction révolutionnaire du langage dans une société bourgeoise. L'engagement existentialiste poussera le philosophe à sortir de sa tour d'ivoire, ou plutôt de sa chambre d'écrivain, ou encore de son café de Flore, pour affronter le vent de la réalité dans les remous de l'action politique. Sartre cherchera d'abord à réaliser le vieux rêve des écrivains de gauche en France : instaurer un parti qui transcende les structures politiques traditionnelles, et trouver le commun dénominateur qui devrait rapprocher les bonnes volontés de gauche, qu'elles soient radicales, socialistes ou communistes. Et c'est ainsi qu'en 1948, tout en répondant à la question qu'il pose à un journaliste de *L'Aurore :* peut-on entrer dans un parti quelconque sans se salir les mains?, il signe l'appel que lance le comité pour le *Rassemblement Démocratique Révolutionnaire* en février et mars. On sait que cet appel se termine en citant Saint-Just : **Le bonheur est une idée neuve en Europe,** et en invoquant l'appel de Marx, cent ans exactement auparavant : prolétaires et hommes libres de tous les pays, unissez-vous. A notre connaissance, le texte de Marx ne mentionne pas les **hommes libres**[1]. Cet ajout au célèbre appel explique sans doute l'échec du R.D.R., la déception de Sartre qui se retire du mouvement en octobre 1949, et ses relations complexes avec le Parti

---

1. Voir Karl Marx, *Œuvres,* t. I, p. 195, Bibl. de la Pléiade, Paris, 1960.

Communiste Français. Dès lors, à partir de 1950, Sartre renoncera à l'action politique dans le cadre des partis, mais il interviendra surtout au niveau de la parole, et quelquefois dans des manifestations publiques : son action aura presque toujours une valeur de protestation (telle la signature du fameux Manifeste des 121, pendant la guerre d'Algérie) et reflétera une sorte de jacobinisme d'extrême gauche, une nouvelle version du **citoyen contre les pouvoirs,** comme semblent le prouver les gestes accomplis et les décisions prises en mai 1968 et ultérieurement : contre **l'ordre communiste,** Sartre soutient et encourage certains groupes de jeunes qui tentent désespérément de radicaliser un ferment révolutionnaire éventé peu à peu au sein des partis organisés.

Cette époque de l'après-guerre, qui, pour Sartre, se prolonge jusqu'à nos jours, est aussi celle de quelques grands voyages : les États-Unis, le Sahara et l'Afrique noire, l'Amérique latine dans toute son étendue, y compris Cuba — où Sartre aimera revenir, conduit par une vive sympathie à l'égard de Castro et du castrisme —, le Japon, le Moyen-Orient, et naturellement l'Europe, à l'Ouest et à l'Est : on le retrouve presque partout, qu'il s'agisse de voyages privés, d'invitations, officielles ou autres.

Signalons enfin — puisque cette vie, comme nous l'avons déjà noté, est, en son essence, celle d'un écrivain entièrement absorbé par le développement de son œuvre philosophique et littéraire — que Sartre s'est toujours refusé à jouer le jeu parisien des prix littéraires, et aussi, qu'en une occasion fameuse, en 1964, il a rejeté le prix Nobel de littérature, que l'Académie suédoise venait de lui décerner.

# Regards sur l'œuvre

## Place des « Mots » dans cette œuvre

L'œuvre de Jean-Paul Sartre, aperçue dans sa totalité présente, est à la fois considérable en quantité de pages imprimées et diverse par la multiplicité de ses manifestations. *Les Mots* font le récit et l'interprétation de ces années d'une enfance consacrée à la lecture et à l'écriture, années d'apprentissage et de préparation à l'Œuvre imprimée. Tous les genres y sont essayés; tous seront finalement conservés, à l'exception de la poésie dans quelque genre que ce soit. Ainsi l'œuvre de Sartre « assume » la totalité de la littérature, en tant que celle-ci trouve satisfaction dans la *prose*, — langage clair, — langage de transparence, qui n'interpose entre l'écrivain ou le lecteur et la réalité aucun verre dépoli et déformant, comme le dira l'auteur de *Qu'est-ce que la littérature?* Et la prose peut se couler dans n'importe quelle forme. Sartre a éprouvé la prose française à travers toutes ses chances d'expression. Il n'a renouvelé aucun genre, comme Balzac ou Proust l'ont fait pour le roman, Jarry ou Beckett pour le théâtre, Valéry pour l'essai; et en ce sens il n'a pas été novateur. Mais il l'est quand, en chaque genre, il révèle les pouvoirs de la prose française classique : nous le verrons avec **Les Mots** qui donnent un superbe exemple de la façon dont la phrase et le discours français assemblent, dans les anneaux d'une chaîne verbale, les idées et les images, les sauts dans l'abstraction et les glissades métaphoriques. Ce que Proust a réalisé en emprisonnant à l'intérieur d'un cercle unique et par un jeu à l'indicatif alternant, entre le présent et l'imparfait, les puissances du vocabulaire et de la grammaire, Sartre l'a tenté en refusant l'épreuve de cet encerclement sémantique, mais en donnant au discours son maximum d'expression dans les cadres d'une rhétorique traditionnelle.

Diversité implique souvent dispersion. Un seul cocher peut-il maîtriser tous ces attelages ? On en doute *a priori*. Et pourtant c'est le tour de force que Sartre a brillamment réussi. On ne voit pas d'œuvre qui, dans sa totalité, soit à la fois aussi diversifiée et aussi fortement unifiée. Le cercle proustien qui se dilate en enroulements de plus en plus larges est remplacé, comme technique unifiante, par l'omniprésence d'une thématique unique. On sait que tout écrivain est Dieu pour son œuvre, — un dieu qui a toujours besoin d'une théodicée. En Sartre, nous saluons l'apparition d'un Dieu thématique des plus exceptionnels. Dans **Les Mots,** l'auteur se met modestement, et non sans humour, parmi les forts en thème :

**On m'a traité de fort en thème : j'en suis un; mes livres sentent la sueur et la peine... (p. 139).**

Jouons sur l'équivoque du mot thème : notre époque peut accorder à Jean-Paul Sartre, pour sa génération et même pour l'ensemble de nos Lettres, le premier prix de thématique.

## L'existentialisme

Dans un roman de Françoise Sagan, un homme d'âge mûr pose la question, qui était dans les premières années de l'après-guerre un bon sujet de conversation et un moyen infaillible d'entrer en relation avec de jeunes personnes : **dites-moi, Mademoiselle, qu'est-ce que l'existentialisme?**, et celle-ci de répondre : **Monsieur, c'est quand l'existence précède l'essence.**

La réponse est bonne, même au niveau le plus sérieux des concepts philosophiques. La formule voulait alors se donner un éclat révolutionnaire; son contraire : **l'essence précède l'existence** est le principe de toutes les philosophies occidentales depuis le miracle grec jusqu'à Sartre exclu, — du moins c'est ce que pense l'auteur de *L'Être et le Néant*, qui rejettera globalement l'intellectualisme et rationalisme français, et se reconnaîtra pour précurseurs Hegel, Marx et Husserl.

L'existentialisme est alors une invitation à revisiter le **cogito** cartésien : disons d'abord, pour insister sur le caractère direct de l'expérience existentielle de soi : **Je sens, donc je suis;** la pensée par concepts est une opération seconde et déformante : nos expériences viennent se figer dans des structures logiques et hiérarchisées selon un ordre tel que la logique devient complice et servante de l'ordre bourgeois. Ensuite reconnaissons que l'acte de réflexion par lequel je pense que je pense, est fatalement précédé par un **Je pense** qui le rend possible. Ce je pense, Sartre, à la suite de Husserl, le désignera sous le nom de **cogito préréflexif.** Pour en appréhender la nature quasi insaisissable — puisqu'en prendre conscience, c'est déjà le faire autre qu'il n'est —, il convient de se rappeler une autre formule clé de l'existentialisme, — empruntée aussi à Husserl : la conscience est toujours conscience de quelque chose. Le problème cartésien : comment moi, dans la solitude de mes sensations et de mes rêves, puis-je savoir que quelque chose d'autre que moi existe? est un faux problème; car la conscience immédiate de moi est en même temps conscience du monde : le sujet de conscience est *visée* d'objet ou de sujet, — ce que Sartre, après la phénoménologie de Husserl, appelle **l'intentionnalité,** comme relation entre sujet et objet; et comme conscience de l'autre, des autres.

Ce point de départ méthodologique restaure le sens du concret humain. *Les Mots* nous montrent l'enfant Sartre en proie, à travers sa famille, à la fabrication culturelle française; ils nous montrent encore comment le petit Jean-Paul est comme une jeune alouette qui vole de miroir en miroir pour se cogner contre de fausses transparences : de là ces impressions constantes et ambivalentes de tromperie et d'impostures, de là aussi ce sentiment d'être « excédentaire », d'être « de trop ». Cet adverbe est sans doute l'un des leitmotive les plus prenants de l'existentialisme. Le « de trop » est l'expérience concrète du vide en soi, par rapport au monde et aux autres. Il est aussi la conscience elle-même, que Sartre désigne comme **un creux au cœur de l'être** et il est vécu directement, absolument dans *l'angoisse* qui est alors l'expérience même de notre relation aux objets et aux autres; cette opération est appelée **néantisation** de la conscience. Un pas de plus : **de trop** pour les autres et pour moi qui pense ce que les autres pensent de moi, je découvre finalement que je suis fondamentalement **de trop** pour et par moi-même. C'est la double réciprocité positive et négative du jugement d'existence : je suis ce que je ne suis pas, et je ne suis pas ce que je suis. Refus spontané de l'essence, — de **l'être-en-soi**. Pour **être-pour-soi** je dois me découvrir **de trop**; on peut ainsi parler simultanément, dans le cas de l'homme, d'*ambi-valence* et d'*ambi-existence*. L'angoisse, le **de trop** sont les conditions de la liberté : l'angoisse de l'existence est l'angoisse d'être libre, d'être homme. La liberté est impossible dans l'univers logique et solide des concepts, — cette doublure de l'univers bourgeois. Ce que dira l'Oreste des *Mouches* : la liberté, c'est l'exil : non pas le fait de l'exil mais l'assomption d'une condamnation : j'assume ma faute, — et l'apothéose d'une conversion : le péché originel transmué en revendication glorieuse : chaque homme est condamné à son individualité radicale. Dans ce mouvement de jansénisme secret qui anime toute pensée française, Sartre pourrait dire : l'homme est prédestiné à être libre.

## Perspective diachronique

### Les œuvres de début

Telle est, semble-t-il, la trame existentialiste de l'œuvre
sartrienne, et plus spécialement, celle qui, dans *Les Mots,*
guide l'écrivain Sartre descendu à la recherche de lui-
même jusque dans les **grandes espérances** de l'enfance.
Jetons maintenant un regard sur la perspective diachro-
nique. Il n'appartient pas à cette brève étude de présenter
une interprétation des simultanéités et des successivités
de cette œuvre. Ce travail critique n'a pas encore été
fait et demanderait d'ailleurs un **recul** plus grand que
celui que nous avons aujourd'hui. Toutefois il me semble
possible et en poursuivant un objectif pédagogique, de
procéder à un premier essai de regroupement des œuvres.
Je propose de distinguer trois phases. La première,
correspondant aux travaux qui se situent dans la décennie
des années 30, est couronnée par des essais philosophiques dont la polarisation est significative, — *L'Imagination* (1936), *Esquisse d'une théorie des émotions* (1939),
*L'Imaginaire* (1940), — et par des recherches littéraires, —
un roman qui est une des grandes réussites de Sartre, *La
Nausée* (1938) et des nouvelles rassemblées en un volume
en 1939, dont certaines sont justement célèbres :
*Le Mur, L'Enfance d'un chef.* Sur un plan philosophique
Sartre s'attaque à deux problèmes bien définis, — l'imagination et l'émotion, qui ouvrent ainsi pour lui les deux
voies conduisant au problème de la conscience. Mais,
en simultanéité, il aborde ce problème de la conscience
en utilisant les techniques traditionnelles du roman
d'analyse avec *La Nausée,* où l'on voit que le jeune écrivain
a tiré le meilleur parti de Dostoïevski, Proust, Gide,
Céline; mais on sent déjà qu'il cherche de nouvelles techniques romanesques et qu'il a lu les romanciers américains.

### Le succès

Deuxième phase : celle du plus grand succès. Elle
commence en 1943, quand le Paris occupé d'alors voit
aux devantures des librairies un gros livre de philosophie,

*L'Être et le Néant.* On arrêtera cette période en 1952, tout en reconnaissant le caractère relatif de cette date, qui est cependant celle de *Saint Genet, comédien et martyr,* et de la brouille avec Albert Camus. L'activité littéraire de Sartre se déploie sur plusieurs plans, comme auparavant, non sans quelques changements notables. Avec *L'Être et le Néant* (1943), le philosophe offre une véritable somme de l'existentialisme au niveau d'une théorie de la conscience individuelle dans ses relations avec les autres. Le livre porte un sous-titre révélateur : *Essai d'ontologie phéno-ménologique.* En 1946, en raison du succès et pour répondre à des objections, Sartre écrit un court essai, *L'existentialisme est un humanisme* qui, pour le public cultivé et non philosophe, servira d'initiation à la philoso-phie nouvelle. En même temps et dans un style très voisin de celui de l'essai, Sartre écrit des œuvres de réflexion critique, qui vont de la théorie de la littérature à la prise de position politique. Tels sont *Réflexions sur la question juive* (1945 et 1946), *Baudelaire* (1947), *Situations II* (1948) qui contient les textes les plus importants sur la théorie de l'existentialisme littéraire et de la littérature engagée (*Présentation des Temps Modernes,* et *Qu'est-ce que la littérature?*). C'est encore la découverte de Jean Genet, avec, en 1952, l'un des textes critiques les plus passionnants de Sartre; ajoutons de nombreux articles et interviews qui montrent Sartre déjà préoccupé des relations théoriques et pratiques entre l'existentialisme et le marxisme : ces textes se trouvent en particulier dans *Situations IV, V* (surtout consacré au colonialisme), *VI* et *VII.* Toutefois, dans l'esprit du public, le philosophe, le critique et le penseur politique s'effacent derrière l'homme de lettres, qui, pour la jeunesse française, s'exerce à jouer le rôle de guide intellectuel et moral qu'André Gide avait tenu entre les deux grandes guerres. L'auteur de *La Nausée* essaie d'étendre son registre de romancier — de prolonger et dépasser *Les Faux-Monnayeurs, La Condition humaine* —, de s'enfoncer dans la brèche que Céline avait ouverte au cœur même de la langue romanesque. Voilà les objectifs que visent les romans auxquels il donne le titre général :

*Les Chemins de la liberté* : tome I, *L'Age de raison,* tome II,
*Le Sursis* (tous deux, en 1945), tome III, *La Mort dans
l'âme* (1949); un quatrième tome intitulé *La Dernière
chance* a été prévu, dont seule une partie a été publiée
dans *Les Temps Modernes* (novembre et décembre 1949).
Au cours de cette même période, l'existentialisme sartrien
trouvera son terrain d'élection sur la scène théâtrale. Le
maître-ès-abstractions de *L'Être et le Néant* se découvre
un exceptionnel talent de dramaturge, et crée littéralement
le théâtre existentialiste, dépassant de loin, en ce domaine
qui a tenté la pensée française du 20e siècle, les Gabriel
Marcel, Anouilh, Camus, etc. Une série ininterrompue de
très belles pièces commence avec *Les Mouches* (1943) et
*Huis clos* (1944); elle se poursuit jusqu'au *Diable et
le Bon Dieu* (1951). Depuis lors, une seule pièce réussie :
*Les Séquestrés d'Altona* (1960).

## La phase post-existentialiste

Le moyen favori d'expression, — pour autant que nous
puissions en juger par les textes déjà publiés, est alors
l'essai critique, comme commun dénominateur de toutes
les écritures parvenues à ce stade où l'état de conscience
se transforme en *reprise* de conscience. En effet, les œuvres
dominantes où s'accomplit cette reprise, sont, semble-t-il
provisoirement, des exercices critiques-examens de
conscience, dont le volume et le sens varient selon l'objectif visé ou l'effet esthétique cherché. Un essai de critique totalisante, qui met en cause l'homme, ses sociétés
et ses histoires, — un gros volume qui par son ampleur
et son intention, transpose l'attitude idéaliste sous-jacente à
*L'Être et le Néant,* en une déclaration de réalisme révolutionnaire, telle est cette *Critique de la raison dialectique*
précédée de *Question de méthode,* t.I, *Théorie des ensembles
pratiques* (1960). Le tome II, qui devrait être logiquement
une théorie de l'Histoire, n'est pas encore paru à ce jour.
En 1963, la version intégrale des *Mots* est donnée dans
*Les Temps Modernes,* ce livre résonne comme un écho per-

sonnel de la *Critique* : après une grande critique de tout
homme, en tout endroit et à tout moment, intervient
la critique de soi, celle qui, sur le plan de l'intimité,
doit conduire aux négations universelles d'une conscience
en voie de totalisation : l'imposture culturelle du monde
bourgeois est dénoncée, cette fois, par le biais d'une
confession publique, si bien que, notons-le dès maintenant, *Les Mots* ne visent pas un certain enfant né
parisien en 1905, mais un écrivain fatigué de travail
et de succès, et qui dans le miroir critique, dans la
boule de cristal pour le passé, découvre la raison d'être de
ses rides glorieuses. Et c'est ainsi que cette œuvre annonce
une nouvelle et magistrale entreprise, ayant un titre qui
retentit comme un défi! *L'Idiot de la famille*, dont trois
tomes sont déjà sortis : après le miroir dressé à l'échelle
de l'univers humain, — après la psyché des confidences et
des insomnies, — la glace de salle de bains, où l'écrivain
se regarde sans cette tendresse que l'on accorde parfois à
l'homme de tous les âges et à l'enfant. On le sait,
l'idiot est Flaubert, mais il serait plus exact de dire :
c'est Sartre se regardant et regardant tout écrivain à
travers les traits de l'écrivain total et absolu, ce Gustave
Flaubert, qui, par la hantise même de Sartre, devient l'idiot
de toute famille. L'ironique et délicate confession des
*Mots* est mutée en dénonciation féroce de la culture
comme source de la mystification littéraire. La critique
cesse alors d'être analyse et paroles intimes; elle débouche
dans le roman, — le vrai, celui d'une vie qui a été vécue
et qui confère à l'imagination la fonction réalisante qui lui
manque, quand elle se déploie dans la déréalité de l'univers
romanesque traditionnel. Ce « compte à régler » avec Flaubert dont parle Sartre est surtout un règlement de comptes
avec soi-même
Et *Les Mots* font le trait d'union entre ces deux totalités
singulières et universalisantes, — celle que réalise la
société sur elle-même, — celle que cherche tout individu
en forgeant la chaîne de ses actes et en traînant le boulet
de ses œuvres.

## Importance des « Mots »

Ainsi les grands livres de la troisième période se situent par rapport aux *Mots,* prennent leur relief en face de cette autopsie sublimée en confession : ces deux cent dix pages donnent leur hauteur vraie, leur authentique profondeur aux milliers de pages du reste. Il est même légitime de prétendre que le touriste culturel doit gravir les escaliers de cette tour sartrienne, une tour de guetteur, pour juger de l'étendue du panorama existentialiste. Conformément à la méthode indiquée ci-dessus, le lecteur est sollicité de passer sans cesse du singulier à l'universel, et inversement, selon un mouvement de polarisation critique, qui est aussi le mouvement oscillatoire par lequel tout homme balance ses jours entre naissance et mort. Enfance d'un certain écrivain, qui, en vertu de cette loi de Haeckel suivant laquelle l'ontogenèse reproduit la phylogenèse, devient l'enfance pour tout écrivain, — histoire d'une formation qui se transmue en une épopée pour tous les apprentissages possibles, — une suite imprévisible de petits événements culturels dont la singularité même révèle, dénude, — pour parler existentialiste, une essence affectée d'un vecteur paradigmatique : tels sont ces *Mots,* qui peut-être corrigent l'exultation initiale de l'utopie existentialiste. D'exubérante qu'elle était dans l'espérance de ses premiers cris et exercices sonores, la culture française est arrivée peu à peu à douter de la qualité de son vin; elle a cultivé ce doute. L'arrogance et la damnation du vrai se sont métamorphosées en arrogance et damnation de l'écrivain; le banquet n'est même plus une terrasse de café; il est remplacé par la chambre de l'écrivain, celle qui domine la ville et à laquelle Sartre fait allusion dans *Les Mots* (p. 54) : la solitude de l'écrivain enveloppé dans un essaim bourdonnant de mots, voilà le nouveau destin de Diogène-Sisyphe. Serait-ce le dernier mot de ces *Mots* qui se sentent coupables de n'être pas des actions? Cet examen de conscience serait-il l'histoire d'un solitaire qui cherche désespérément à se faire entendre? Est-il le témoignage d'une identité tragique entre culture et solitude?

# Les mots

## Genèse

Il semble que la première version du texte ait été écrite en 1954, puis reprise plusieurs fois au cours de cette décennie qui sépare le projet de sa réalisation définitive. Seul un examen des manuscrits successifs ou des corrections, avec ajouts et coupures, pourrait nous donner l'histoire réelle de l'œuvre. Faute de cette information, il suffit de retenir que l'écrivain qui parle de son enfance a un âge qui évolue entre 49 et 58 ans. Le fond historique pour la France est fait des dernières années de la Quatrième République, des débuts de la guerre d'Algérie et de toutes ses conséquences intérieures, des premières années de la Cinquième République et de l'instauration d'une France gaulliste. Dans le domaine littéraire, c'est la revendication du *nouveau* : « Nouvelle Critique », « Nouveau Roman », « Nouveau théâtre ».

La première de *En attendant Godot* est donnée le 5 janvier 1953; *Portrait d'un inconnu,* que Sartre préface et pour lequel il emploie le mot d'*anti-roman*, est publié en 1948, et Robbe-Grillet commence à se faire connaître avec *Les Gommes,* en 1953.

De plus, dans une interview importante qu'il donne en avril 1964, Sartre rattache la naissance de son ouvrage à sa réflexion sur les problèmes qui se posent pour lui dans ses rapports avec le Parti Communiste. Il s'agit d'une véritable crise de confiance; de nouveau est soulevée la question de 1947 : *Qu'est-ce que la littérature?*, mais avec plus de sévérité critique et moins d'enthousiasme! Citons l'auteur des *Mots* lui-même :

> J'envisageais tranquillement que j'étais fait pour écrire. Pas besoin de justifier mon existence, j'avais fait de la littérature un absolu. Il m'a fallu trente ans pour me défaire de cet état d'esprit.

(*Le Monde,* 18 avril 1964).

Et il ajoute :

> Quand mes relations avec le Parti Communiste m'ont donné le recul nécessaire, j'ai décidé d'écrire mon autobiographie.

Relevons enfin ces indications fournies par Contat et Rybalka dans *Les Écrits de Sartre,* sans qu'ils donnent toutefois la source de leur information :

> Signalons ici que, malgré certains bruits, il n'existe pour le moment aucune suite entièrement rédigée et publiable aux *Mots.* Il n'est cependant pas impossible que, dans un avenir assez proche, Sartre consacre un volume à son adolescence. Mais il envisage maintenant l'autobiographie de son âge adulte comme une sorte de « testament politique ».

(*Les Écrits de Sartre,* 1970, p. 387).

Ainsi la genèse des *Mots* doit être cherchée au niveau le plus profond de la relation entre un écrivain et la succession de ses œuvres. Il ne s'agit pas d'un livre qui succède à un autre. Il s'agit d'un de ces moments, souvent ignorés du lecteur, où l'auteur prend sa propre mesure et se demande si ce qu'il a fait valait tant d'efforts et de peines. Nous avons décrit la deuxième phase de la production sartrienne, — l'allégresse, la confiance, la générosité mêlée d'arrogance, de cette *littérature engagée,* grâce à laquelle l'écrivain espérait apporter la liberté aux hommes. Cette ferveur littéraire dura une dizaine d'années. On peut le deviner : pour des raisons à la fois extrinsèques et intrinsèques, l'auteur des *Mouches* s'interroge. Le monde de l'après-guerre est en train d'évoluer; la guerre froide est toujours intense, mais elle change peu à peu de sens; la terreur stalinienne s'enfonce dans l'histoire; la peur d'une troisième guerre mondiale est moins angoissante; la confrontation des Grands provoque une nouvelle réflexion

sur l'opposition du capitalisme et du communisme; on
commence à comprendre que les schémas marxistes
pourraient avoir besoin d'être rénovés. La littérature
elle-même, comme besoin permanent de renouvellement
dans l'expression humaine, cherche de nouveaux langages;
et, comme je l'ai déjà noté, les années 50 sont hantées
par l'affirmation du nouveau : être nouveau, ou ne pas
être! En ces quelques années où se situe, je crois, le
début de ce que j'ai appelé la troisième phase sartrienne,
l'instinct de renouvellement se polarise, et *fixe* l'attention
de Sartre sur le problème de l'action littéraire et de ses
devoirs. De là, comme il le dit dans l'interview du *Monde*
en 1964, ce fait que ses rapports avec le Parti deviennent
obsessifs.

Il dénonce **l'espèce de névrose qui dominait (son) œuvre
antérieure.** Le caractère excessif du mot **névrose** pour
qualifier les grandes œuvres des années 40 n'échappera
à personne. S'il y a danger de névrose pour Sartre, c'est
entre 1952 et 1954. Là, et alors, éclate la crise : l'auteur
de *L'Être et le Néant* se prend pour un **fils de petits
bourgeois**, et c'est autour de cette fixation que le besoin
de nouveau va s'organiser et satisfaire sa **folie** :

> Je suis né en 1905 dans un milieu de petits bourgeois
> intellectuels,...
> dans *Les Mots* j'explique l'origine de ma folie, de ma
> névrose.

La première genèse des *Mots* est donc une crise profonde où sont engagés simultanément l'homme, l'écrivain,
sa personnalité et la valeur de son œuvre. Cependant Sartre
reconnaît le caractère extrême de sa réaction :

> Si je n'ai pas publié cette autobiographie plus tôt et
> dans sa forme la plus radicale, c'est que je la jugeais
> excessive.

L'écrivain, l'homme aussi, sentent qu'il faut laisser passer
quelque temps. En manière d'excuse Sartre dit :

> Il n'y a pas de raison de traîner un malheureux dans
> la boue parce qu'il écrit.

Derrière cette sorte de boutade il convient d'apercevoir
un phénomène important de psychologie littéraire : le

sentiment qu'il faut rester plus longtemps devant la glace pour regarder plus attentivement, non pas l'enfant perdu qui se retrouve, Petit Poucet ramassant ses cailloux, mais cet adulte de cinquante ans qui, pour se retrouver et s'y retrouver, prend pour guide l'enfant qu'il fut. L'homme Sartre se laisse alors vieillir de dix ans. Indulgence de l'âge? Peut-être. Aux approches de la soixantaine, l'auto-biographie est prête à basculer de la tour sartrienne dans le *no man's land* parisien. Toutefois l'élément névrotique des années 1952-1953 continuera lui aussi à exercer ses effets d'obsession et de fixation : l'écrivain n'oubliera plus cette tunique de petit-bourgeois qui lui colle à la peau. L'autobiographie des *Mots* se prolongera par cette biographie flaubertienne, véritable transposition confes-sionnelle. On serait tenté d'écrire : procès en dernier appel de l'écrivain petit-bourgeois. Sartre n'est pas Kafka, — l'accusé absolu, mais un juge pénitent; et on laisse au lecteur le soin de méditer ce fait : les deux grandes « confessions » qui ont été vécues, réfléchies et écrites au cours des années 50 sont *Les Mots* et *La Chute*. N'est-il pas remarquable de noter que Sartre et Camus, ces deux camarades-ennemis, ont traversé la même crise, presque en même temps : sortis d'une euphorie et d'un succès parallèles, ils se sont enfermés dans des névroses différentes, et ils s'en sont délivrés par une opération littéraire voisine sous forme de confession publique, donnant alors à la langue française deux réussites exceptionnelles, et, au lecteur, deux énigmes à déchiffrer, à se déchiffrer.

## Structure

L'analyse structurale d'une œuvre se confond souvent, dans la critique contemporaine — que celle-ci soit lansonienne ou nouvelle —, avec l'exhumation d'un thème fonda-mental, idée ou image, qui unifie un langage entre la première et la dernière page d'un livre. On réservera cette thématique pour l'étude du *sens* de l'œuvre, c'est-à-dire l'étude de ce moment où l'œuvre entre en relation avec le lecteur ; car, et on l'oublie trop, c'est le lecteur qui donne son sens à l'œuvre et qui joue à nager dans l'océan des sens possibles et compossibles, comme le Dieu de Leibniz. Au contraire, nous croyons que la *structure* correspond au moment solitaire de la *composition*, — celui de la relation entre l'écrivain et l'œuvre. Relation artisanale : il s'agit de produire un livre, et un livre est un volume, au double sens du mot, comme ensemble fini de pages, de paragraphes, de mots et de signes, donc comme distribution de volumes linéaires les uns par rapport aux autres. L'analyse structurale qui sera proposée sera donc quantitative.

## Deux parties

Un premier regard sur *Les Mots*[1] nous apprend que le livre se divise en deux parties auxquelles Sartre a voulu donner un titre : **I** *Lire*, **II** *Écrire*. D'une part, 109 pages, de l'autre, 98 pages : 11 pages de différence ; j'admettrai donc l'existence d'un ensemble binaire bien équilibré. Les deux mots **lire** et **écrire** indiquent que cette binarité donne au livre une valeur double et simultanée : le livre s'ordonne autour d'un mouvement à la fois continu et anti-thétique. Et on notera que cette structure, qui procure simultanément le continu et l'antithèse, est une technique simple, mais efficace de fermeture ; le passage naturel de la première page à la dernière est assuré, ainsi que leur rassemblement, puisque, si on commence par **lire pour écrire**, on finit par **écrire pour lire**. Ce n'est pas le cercle à la Proust ; c'est un grand va-et-vient qui totalise la vie littéraire, et à l'intérieur duquel prendra sens et valeur tout un miroitement d'antithèses qui jouent joyeusement et ironiquement, de phrase et en phrase, tout le long du

1. Le nombre de pages correspond, non à l'édition Folio, mais à l'édition Gallimard, 1964.

livre. Le premier volume commence par les mots **En Alsace** le deuxième par **Charles Schweitzer...** Le premier se termine par la phrase :

> Je fus sauvé par mon grand-père : il me jeta sans le vouloir dans une imposture nouvelle qui changea ma vie.

Et le deuxième par la phrase, finale du livre, mais écho de l'autre :

> Si je range l'impossible Salut au magasin des accessoires, que reste-t-il ? Tout un homme, fait de tous les hommes et qui les vaut tous et que vaut n'importe qui.

Je répond à **un homme**, sauvé à **Salut**, imposture à **magasin des accessoires**, changea ma vie à **vaut n'importe qui**.

L'antithèse du singulier et de l'universel domine l'œuvre et est associée à celle du va-et-vient entre lecture et écriture. Salut et imposture sont liés de la même façon. La littérature est un jeu en partie double. Et le grand-père est aussi présent dans la dernière phrase; il a joué le rôle de Dieu, instrument du salut, en permettant le passage du lire à l'écrire. Et il reparaît à la fin, sous-entendu dans le S majuscule de Salut; il est, on le sait en fin de livre, le principal accessoire de la comédie littéraire. Signalons encore que le point de départ **En Alsace**, — tel André et Julien dans ce *Tour de France de deux enfants,* qui a marqué l'imagination de plusieurs générations de Français, répond au mot final : **n'importe qui.** La culture déracine : le petit Alsacien, à force de lectures et d'écritures, est devenu à la dernière page, n'importe qui. Le dernier mot répond au premier. La structure est bien fermée, et le point final, justifié. Enfin, dans ce domaine des correspondances antithétiques qui enchaînent les pages les unes aux autres, on ne manquera pas d'être frappé par l'image initiale d'une malédiction : non sans ironie voilée, l'autobiographie commence par une phrase de grand style de roman d'aventures; tout y est : le lieu, la date, l'homme que l'article indéfini **(un instituteur)** projette dans un univers de mystère et d'universalité, et la décision fatale qui tombe en fin de phrase comme le héros qui s'effondre au dernier paragraphe du feuilleton :

**Un instituteur accablé... consentit à se faire épicier.**

Trahison que le début de la deuxième phrase dénonce : le **un** devient un **ce**; et l'homme maudit devient le réprouvé devant les hommes et devant Dieu! **ce défroqué...** Voilà la marque infamante sur la famille, et de génération en génération. Sartre ne dit pas : mon arrière-grand-père : il y a plus que ce lien du sang; l'aventure du futur Jean-Paul commence par une faute originelle; comme la faute d'Adam, elle contamine le sang de ses descendants. Mais l'écrivain nous fait un clin d'œil : la tragédie sera tempérée par l'ironie même de cette deuxième phrase :

**Ce défroqué voulut une compensation.**

Un épicier ne peut penser qu'en termes de compensation, alors que l'instituteur qui meurt en lui cherche l'immortalité au long de sa descendance. **Tragediante, Comediante,** serait-ce l'alternative à l'intérieur de laquelle l'écrivain va promener ses œuvres et sa vie? Et cette question qui hantera ses veilles : serait-il un épicier transposé? La réponse sera « non ». Les deux derniers paragraphes des *Mots* ne font que commenter la déclaration de la page 212 :

**J'ai désinvesti mais je n'ai pas défroqué : j'écris toujours.**

On notera ce **mais** qui est un lointain écho des premières lignes; et il signifie : je me suis peut-être trompé, j'ai été trop naïf ou trop arrogant, **mais** je ne suis pas devenu un épicier culturel. Ce qui fait que ce livre des *mots* n'est pas une tragédie, celle de l'écrivain devenant épicier par la vertu d'une malédiction originelle; ce n'est pas non plus une comédie où tout finit bien et où les parents commerçants tuent le veau gras et se réconcilient avec un fils qui risquait de mal tourner; c'est le désenchantement de la vie, orchestré sur une tonalité *bitter-sweet* : cette expression de la langue anglaise semble répondre exactement à la structure intentionnelle de l'œuvre[1]. Et celle-ci

---

1. La traduction française courante « aigre-doux » ne rend pas toutes les harmoniques de *bitter-sweet*, — en particulier un certain mélange d'agacement et de tendresse, qui fait l'alliage des *Mots*.

n'est donc ni roman, ni essai, ni autobiographie, ni confession, ni journal intime; elle est faite de tous ces genres à la fois. Il semble qu'on devrait admettre un nouveau genre littéraire qui n'a guère existé avant *Les Mots* que de façon partielle et cachée sous d'autres vêtements; il semble qu'on devrait ajouter à la liste traditionnelle des genres littéraires une forme nouvelle qu'on appellerait une « *ironie* » comme on dit une tragédie, une comédie, une sotie : ne serait-ce pas le mot que Gide cherchait quand il faisait de ses *Caves du Vatican* une sotie —, Gide, cet autre protestant hanté lui aussi par le Vatican et l'image de la défroque? Il est alors évident que l'obsession de la défroquature, ou, si l'on préfère, de la défublature (qu'on pardonne des néologismes à l'occasion d'un livre où le respect des **mots** coïncide avec le respect du dictionnaire!) suppose l'existence préalable d'une image-structure qui regroupe toutes les autres en son sein, et qui lie en profondeur l'un à l'autre les deux actes de la lecture et de l'écriture : *l'Eglise*. Le passage de l'enfance à la maturité serait-il aussi la mutation de l'enfant de chœur qui « sert » la messe, au prêtre qui est l'acteur du sacrifice? — En bref, avec *Les Mots,* Sartre présente une *ironie* qui a pour structure fondamentale l'image de l'Église, image qui sert elle-même de matière à cette forme d'antithèse par laquelle le langage est manifesté, lire et écrire. Le roman de l'écrivain est son histoire dans l'Église.

Sartre a trouvé le ton juste pour parler de l'écrivain, de lui, de ses confrères, finalement de nous tous qui, dans l'Église culturelle, sommes chanoines, diacres ou servants, ou peut-être tout simplement fidèles : **le ton de l'ironie.**

Ainsi l'écrivain n'échappe pas à la généalogie : la **chute** dans l'épicerie est un risque qui menace chaque génération; et Sartre admet l'existence d'une diachronie totalisante, qui établit le fait, c'est-à-dire la prédestination d'une solidarité entre un arrière-petit-fils et son arrière-grand-père.

Mesurons maintenant les volumes à l'intérieur des deux parties. Selon l'habitude de la prose française, les phrases sont groupées en paragraphes; mais ceux-ci ne sont pas rassemblés en chapitres qui, après les paragraphes, semblent avoir constitué la grande et naturelle séparation de la prose, en particulier dans les romans. Toutefois, à la première lecture, on peut constater que Sartre utilise un équivalent de la division par chapitres : un espace blanc qui correspond à un quadruple interligne; dans quelques circonstances, plus rares, il fait aussi appel au double interligne, sorte d'intermédiaire entre le simple passage à la ligne et le quadruple espacement. Ainsi chaque partie est une répartition du volume verbal en paragraphes d'importance très inégale, puis en groupements de paragraphes dont nous allons comparer les masses. On postule donc que cette distribution quantitative en volumes variés correspond à une composition formelle et linéaire, qui exprime la nécessité formelle de l'œuvre, mais qui n'a pas été obligatoirement voulue par l'auteur. Un examen purement arithmétique doit donner à l'œuvre, pour le lecteur critique, sa première intelligence.

On relève ainsi que *Lire* comprend sept sections (au sens de coupures) de volumes très différents : aucun risque de la monotonie qui résulterait d'une construction en étagements égaux[1]. Sans nous préoccuper du contenu pour le moment, notons la distribution : $1^{re}$ section : 8 pages; $2^e$ section : 18 pages; $3^e$ section : 32 pages; $4^e$ section : 5 pages; $5^e$ section : 23 pages; $6^e$ section : 7 pages; $7^e$ section : 15 pages. A première vue, on peut voir deux masses ($1^{re}$, $2^e$ et $3^e$ sections, $5^e$, $6^e$ et $7^e$ sections), approximativement équilibrées et en balance par rapport à une section (la $4^e$) très courte. Toujours selon le même procédé d'analyse, on observe que les 3 premières sections forment un mouvement d'élargissement : 8 - 18 - 32. Au contraire les 3 dernières sections reproduisent la distribution de l'ensemble de *Lire* : deux masses plus ou moins équilibrées par rapport à une masse plus petite : 23 - 7 - 15. Il faut encore signaler, en vue d'une analyse plus poussée, que la $2^e$ section présente un double

1. Il va de soi que cette « comptabilité » est approximative : le nombre de pages est exact, non compris les chevauchements pour les pages où une section finit et une autre commence.

interligne et se divise en 2 parties, respectivement 13 et 5 pages; il en est de même pour la 5ᵉ section, avec 6 et 17 pages. On peut déjà inférer de ce premier examen quantitatif que la construction est classique, avec recherche dominante d'équilibre architectural, la monotonie étant évitée par de légères différences entre les masses en équilibre et par une double technique de distribution par balance (comme les deux plateaux d'une balance autour d'un pivot) et par élargissement (comme une pyramide la pointe en bas, à la manière de certains édifices de Frank Lloyd Wright).

*Écrire* n'offre que 3 sections contre les 7 de *Lire,* avec une petite différence de 11 pages dans le total : 1ʳᵉ section : 22 pages, 2ᵉ section : 78 pages, 3ᵉ section : 6 pages. La 1ʳᵉ section comprend en son milieu un double espacement, 12 et 10 pages. La 2ᵉ en comprend 2, et se répartit ainsi en 3 masses : 47, 7 et 16 pages. La forme est donc plus complexe qu'elle ne l'est dans la 1ʳᵉ partie : la 2ᵉ section est le triple de la 1ʳᵉ; finalement la 3ᵉ section, la plus importante, se concentre en 6 pages. Ce qui pourrait s'interpréter comme un mouvement d'élargissement, suivi d'une concentration en forme de couronnement de l'œuvre.

*Les Mots* seraient alors faits d'un très grand narthex, *Lire,* signifiant la période d'initiation; puis vient la basilique elle-même, un peu moins grande que le narthex, et divisée en 3 parties : le vestibule et ses fonts baptismaux, — la nef elle-même où se vit le destin de l'écrivain, et enfin l'autel où se consomme son sacrifice.

Cette projection de masses verbales en masses architecturales semblera arbitraire. Nous ne le croyons pas! Dans un domaine comme dans l'autre se pose le problème de l'organisation des volumes; il y a donc une parenté formelle, qui est renforcée par le souci avoué de fermeture de l'œuvre en termes de cléricature. Ce qui justifie, pour notre comparaison critique, le choix de l'église, et non du château ou de la villa de banlieue. Ce qui donne aussi cette indication : l'écrivain français petit-bourgeois, sur les bords de la Seine, n'est pas hanté par le palais ou les

Champs-Élysées, ni même par le dôme académique, mais par Notre-Dame et son parvis. Ce qui enfin permet de commencer à comprendre le charme secret que ce livre a exercé sur la plupart de ses lecteurs : une lumière délicatement distribuée entre splendeur métaphorique et douceur discrète de peintures enveloppées par la pénombre, une sonorité de prière où des colonnes de silence supportent la nef des chants qui s'élèvent en *Te Deum* ou en *Libera nos* jusqu'à la gloire des renoncements agenouillés et des lucidités écrites.

## Lire

Entrons dans l'édifice. Première partie, première section : nous sommes introduits à la double généalogie de l'homme-écrivain qui, comme tout autre petit d'homme, a un père et une mère, et deux lignées, les Sartre et les Schweitzer; nous comprenons, par le retour de la mère du prédestiné dans le sein familial, que l'élément Schweitzer sera dominant et catalyseur de cette aventure. Deuxième section : passage du paradis maternel surmonté de la bienveillance grand-paternelle, à la formation du « produit culturel » que sera l'écrivain; Sartre décrit alors les relations de l'enfant avec sa mère, son grand-père, sa grand-mère; et l'adulte dénonce le début d'une fabrication culturelle : la culture est une comédie et l'enfant qui lui est destiné est fait comédien pour entrer dans ce nouvel ordre et être plus tard ordonné écrivain; le jeune chiot est sacré **caniche d'avenir** (*Les Mots,* p. 28). La troisième section nous conduit dans le temple des livres : pour devenir écrivain, il faut lire : mirage du Grand Larousse, idéalisme platonicien du Verbe absorbant-absorbé, du monde supérieur des Livres-Paradigmes, idéalisme coupable de faire naître au cœur de l'écrivain une irrémédiable mauvaise foi : c'est la duplicité de deux ordres de lectures, l'officiel, avec son culte des grands auteurs, et le clandestin avec les ouvrages pour enfants : Corneille détrôné par *Les Pieds nickelés*; et l'adulte intervient finalement pour avouer que lui aussi préfère la *Série Noire* à Wittgenstein (*id.* p. 67), ce qui, par parenthèse, est une pointe dirigée vers la Nouvelle Critique, le groupe *Tel Quel*, etc., dont la lourdeur est trouvée de peu de poids quand leurs métalangues sont mises en balance avec la furia de Buffalo Bill, le courage de l'envoyé du Tsar ou la violence du gangster de Chicago.

Et l'on débouche sur la quatrième section dont nous avons noté la brièveté essentielle; c'est la chute hors du paradis familial et livresque, et une nouvelle étape dans la course culturelle : l'école, avec une première expérience catastrophique; cela dure jusqu'à l'âge de dix ans. Le tournant est pris, et c'est ainsi que commence la deuxième phase de l'initiation aux livres.

La cinquième section, avec ses deux parties, est une réflexion sur l'expérience morale et religieuse de l'enfant. Le thème de l'imposture devient éclatant, obsédant : un enfant culturel, un enfant sans âme et (cela a été dit dès la section 2) sans sur-moi, sans sincérité. Et s'amorce un autre thème capital pour la destination littéraire : l'adulte reconnaît que l'enfant a conscience de « compter pour du beurre »; cette déclaration : **Je me sentais de trop** sera transposée plus tard en langage philosophique; c'est la conscience, « creux au cœur de l'être », dans *L'Être et le Néant,* et surtout la double expérience sociale du **de trop** et de la *rareté,* superbement orchestrée dans *La Critique de la Raison dialectique.* Je ne discute pas la question de savoir si la notion philosophique du **de trop** n'est pas première et ainsi n'a pas permis à l'adulte de voir clair dans son enfance. Quoi qu'il en soit de la réponse à ce problème, le lecteur trouvera ici un exemple typique du va-et-vient de l'écrivain entre sa maturité et son enfance. Sixième section : l'enfant a sept ans; il réagit contre le vide où il se sent plongé; il découvre sa solitude face à la comédie familiale; orgueil, sadisme, générosité de la création, il vit ces conduites de revanche (sa revanche à lui, et non celle de la défaite de 70 qui hante ce milieu alsacien) et prend des bains d'héroïsme littéraire dans le tub familial. C'est la première réaction contre la possession culturelle : une défense dans l'imaginaire, associée à l'éveil du besoin

de créer : à travers des orgies d'héroïsme à bon marché
dans la littérature enfantine, le futur écrivain fait l'épreuve
de cet héroïsme qui sera le destin secret de celui qui va
écrire.

Et la section 7 continue à décrire le rêve héroïque. Une
passion pour le cinéma, qu'il partage avec sa mère, mais
qui est méprisée par le grand-père, le dieu culturel de la
rue Le-Goff. La magie de l'écran et de la salle obscure
est opposée à celle du théâtre dont la fonction est
bourgeoise. Et c'est Michel Strogoff, — Pardaillan, **le plus
grand de tous.** Références exemplaires : Sartre n'est pas le
seul petit Français dont le cœur a vibré en vivant les
aventures des héros de Jules Verne et de Michel Zévaco.
Mais l'adulte dénonce l'enfant : **J'étais un imposteur,** se
nourrissant en imagination de l'imaginaire des autres. C'est
l'imposture de la littérature par rapport à l'acte de
lecture. Et en ces dernières pages de *Lire* éclate la fatalité
de la première impasse culturelle : la lecture est une vie par
procuration et irrémédiablement solitaire; dans un passage
(p. 39, 115-116), qui est peut-être le plus émouvant des
*Mots,* l'adulte évoque l'enfant seul que les autres
n'associent pas à leurs jeux. Telle est la fin de la première
étape, et qui peut être la fin pour beaucoup, l'imposture
de l'évasion par la lecture.

Le vocabulaire de cette première partie — et nos pré-
sentes remarques s'appliquent aussi à la deuxième
partie —, est essentiellement psychologique et moral.
Peu de détails d'ordre économique; ils sont brefs, précis,
et expliquent nettement l'esclavage auquel se trouve
soumise la mère de Sartre après son veuvage et jusqu'à son
remariage. Les indications relatives aux divers milieux sont
très vagues : les données géographiques sont sommaires,
même dans le cas de Paris : quelques noms de rues et de
lieux comme le Jardin du Luxembourg. Une seule adresse
précise, donnée p. 34 :

> **En 1911, nous avons quitté Meudon pour nous installer
> à Paris, 1, rue Le-Goff.**

Mais nous ne saurions décrire l'appartement. A une allusion de Sartre avouant son goût pour les appartements

clairs, élevés et avec vue, on devine que l'appartement de
la rue Le-Goff devait manquer de vue, ne pas être haut de
plafond et avoir, selon la mode de l'époque, des tentures
épaisses (le plus souvent de velours rouge; était-ce
ainsi chez les Schweitzer?) qui étouffaient la lumière.
Enfin les notations sur le physique des héros sont limitées,
mais capitales, disons même symboliquement capitales : la
barbe du grand-père, la beauté de la mère, la petitesse de
l'enfant, sa fragilité (mais rien n'est dit sur ses maladies),
deux allusions à ses yeux et à son futur strabisme,
ses boucles et la découverte de sa laideur : peu
d'allusions à cette laideur (mais à chaque fois le ton est
intense), et à la révélation bouleversante de sa réalité;
d'ailleurs, pour l'écrivain, elle ne constitue pas un problème d'enfance; elle est le drame propre à un adolescent et pourquoi pas?, et à quelques exceptions près, à
tout adolescent.

## Écrire

C'est vers la dixième année, mais l'écrivain ne donne
pas d'indication chronologique précise, que commence
l'aventure de l'écriture. *Écrire* comprend trois sections.
La première se divise en deux parties sensiblement égales,
séparées par un double interligne. La première partie dit
l'histoire des commencements de l'écriture. D'abord les
échanges épistolaires en vers avec le grand-père. Puis le
héros (p. 121, pour la première fois, l'adulte nous fait part
de son petit nom de tendresse, Poulou) se lance dans ses
premiers romans : il fait alors l'expérience du plagiat
et du didactisme. Du haut de ses préjugés universitaires, le
grand-père désapprouve ces premières armes. Mais Poulou,
animé par un besoin réel de réaliser hors de lui les
**images de (sa) tête,** continue; l'adulte penché sur l'enfant
constate que celui-ci progresse par **distanciation** et
complexité de l'intrigue. L'ère du plagiat est surmontée.
C'est la deuxième phase — celle du fantastique et du
romanesque —, qui correspond donc pour Sartre, avec la
poésie, au moment infantile de la littérature. La deuxième
partie de cette première section peint le deuxième

volet du diptyque voué à l'initiation de l'écriture. Face à
l'écrivain, c'est l'idéal du professeur de lettres dont
Sartre trace un portrait impitoyable. Poulou passe aussi
du fantastique au réalisme, selon cette loi, déjà citée, qui
veut que l'ontogenèse reproduise la phylogenèse et que
tout écrivain nouveau revive toute l'histoire de l'écriture.
Après avoir envisagé l'éventuel destin de l'écrivain mineur,
l'enfant, ou plutôt l'adulte qui se confidence à travers
l'incarnation de son enfance, reconnaît qu'il n'a pas de don,
pas de génie. Voilà le grand aveu du livre : je ne suis pas
doué; et en généralisant : l'écrivain est celui qui n'est pas
doué pour les mots; est-ce cette absence de don qui
l'entraîne dans un combat sans fin avec les phrases? Sartre
veut-il nous faire comprendre que la théorie romantique
du génie, qui correspond à cette phase de l'écriture, est
une imposture, et que la prétention au génie n'est en fin
de compte qu'une **arrogance**? Est-ce le sens du seul exergue
dans *Les Mots,* et qui est placé en tête de cette deuxième
partie (p. 140) , un mot de Chateaubriand :

> **Je sais fort bien que je ne suis qu'une machine à faire
> des livres.**

La chronologie est, dans ces pages, assez incertaine. Cela
semble se passer entre 8 et 10 ans; plus haut on avait
l'impression que l'enfant avait déjà atteint l'âge de dix
ans. Et la section suivante parle d'une crise à l'âge de 8 ans.
Dans l'interview du *Monde* (18 avril 1964), Sartre
s'explique sur ces contradictions chronologiques :

> **Elles viennent de ce que le gros de l'ouvrage a été
> écrit en 1954, puis retouché, nuancé dix ans plus tard.**

Cette explication ne semble pas apporter une suffisante
excuse : qui empêchait en 1963 de faire les ajustements
chronologiques nécessaires? Comme Sartre n'est pas un
écrivain négligent, il faut penser que cette excuse cache
une raison plus profonde : l'incertitude chronologique
serait-elle celle de la mémoire de l'écrivain penché sur
son enfance? Ce serait l'incertitude qui donne aux paragraphes un certain tremblement, celui des souvenirs, et

ce tremblement vient alors rejoindre les hésitations, les maladresses de l'enfant qui apprend à écrire, comme il a appris à marcher.

Et nous entrons ainsi, à pas décidés et gauches, dans les soixante-dix pages de la plus grande section du livre, elle-même divisée en trois parties de 47, 7 et 16 pages respectivement.

La première partie commence par une allusion à une crise qui le saisit vers 8 ans : il cesse d'écrire. Il repense le héros en images d'écrivain. L'adulte évoque Cervantès et Michel Zévaco, deux créateurs, mais à deux extrêmes de l'univers littéraire. L'enfant est oublié. L'auteur de *La Nausée* se demande ce qu'il fait dans une démocratie bourgeoise. Et il déchire férocement les images du mythe bourgeois de l'écrivain et de l'écriture : le poète ou le romancier, bien nanti, qui, prêtre et victime, joue au jeu du sacrifice — au jeu voisin du génie méconnu-reconnu —, à cet autre jeu de la postérité, dans une magnifique confusion de mort et de gloire. L'enfant est alors sauvé par plusieurs événements ou expériences qui se situent aussi entre 8 et 10 ans. La guerre : c'est la disparition de l'héroïsme individuel; sa réalité invite au contrôle de la fiction. Et puis, à partir de 1913, Poulou découvre les collections de Buffalo Bill et de Nick Carter; il se prend aussi de passion pour New York; il revient à la parole avec sa mère; et en octobre 1915, il entre au lycée Henri-IV, en classe de sixième.

La deuxième partie, très courte (7 pages), évoque le lycée, les camarades, le bon élève, les résultats de composition, et surtout le modèle secret pour l'homme et l'écrivain : Paul Nizan. Dans cette évocation, ce n'est plus l'enfant qui parle, mais l'adulte.

Enfin la troisième partie poursuit l'analyse de ce combat qui a envahi la conscience de l'écrivain, entre imaginaire et réalité. Ces ruminations vont de l'été 1914 à l'automne 1916; mais le lecteur sent que Poulou est oublié; l'adulte parle de plus en plus en son nom, et non plus par le truchement ou la fiction de ses 10 ans. Le mot **réaliser** revient, souligné (p. 205); la réalité est sentie comme arrachement. L'adulte continue à parler en écrivant. Ce sont les instants ultimes dans le déroulement de la confession, pour le pénitent Sartre. **Je devins traître et je le suis resté** (p. 199). Et quelques minutes plus tard : **Naturellement je ne suis pas dupe** (p. 202). Cependant l'écrivain se veut tourné vers l'avenir, l'avenir réel, non le mirage de la postérité. Et le livre-confessionnal recueille les derniers aveux : il s'agit d'un **souvenir sans date** (p. 205). N'est-ce pas dire que toute cette chronologie n'a pas d'importance ? La vérité de la confession gît dans la mémoire sans dates. L'enfant se retrouve au Luxembourg ; il a couru tout seul, il est en nage, sa mère le fait asseoir sur un banc : **Tout aboutit à ce banc** (p. 206). Oui, c'est le banc de l'écrivain. Écoutons la fin de la confession :

> ... **Je démarre, j'ai démarré, j'avance, le moteur ronfle. J'éprouve la vitesse de mon âme** (p. 208).

En cet instant de silence, le lecteur rêve lui aussi. Il pense à cet autre écrivain, le rival, qui évoque l'écrivain en nage, s'essuyant le front, heureux : Sisyphe, debout, se retournant et regardant son livre qui dévale du haut de la colline oranaise.

Les mots ont donc leur vitesse, et ils continuent... Ce rythme de repos et de mouvement, l'écrivain appelle cela son âme. Mais n'oublions pas l'image qui précède immédiatement, celle du moteur. L'art du Sartre qui écrit *Les Mots* est sûr. Le moteur répond à l'exergue de Chateaubriand : la **machine à faire des livres** ; et le coureur qui se repose sur le banc du confessionnal vit sa dernière tentation, la vraie chute. Les théologiens ont dénoncé **la tentation de Dieu** (dans le sens qu'il ne faut pas demander à Dieu de se prouver) : l'écrivain serait-il celui qui commet le péché suprême de **la tentation d'âme** ?

Quoi qu'il en soit, le péché est avoué. Qui donnera l'absolution ? L'écrivain n'a pas à répondre. Mais **la grâce du livre** pourrait être la réponse à celui qui sort du confessionnal, et faire pardonner l'horrible tentation d'âme.

Sartre, **solitaire** du Luxembourg, et écrivain janséniste ? Pourquoi pas ? Il y a un jansénisme de la vocation d'écrire, et une recherche de la grâce efficace, cette prière pour prier, qui est le secret de tout langage, et sans laquelle il n'y a pas d'honnête écrivain.

L'œuvre se termine en quelques pages bousculées, où se mêlent projets (écrire sur son apprentissage de la violence et de la laideur), déclarations de principe (je suis enfin sorti du rêve de l'enfance), et l'orgueil ultime du bon artisan (je fais bien mon métier quotidien).

## Sens et style de l'œuvre

L'analyse de la genèse et de la structure pourrait déjà fournir la réponse à cette double question du sens et du style. Toutefois, on peut les estimer distinctes de la genèse, qui traite de la relation accidentelle et historique de l'auteur et de l'œuvre, comme de la structure qui montre comment l'auteur a distribué ses thèmes en volumes verbaux. Au contraire, le sens et le style concernent l'œuvre en elle-même, cordon ombilical coupé, dans sa respiration indépendante, dans le parachèvement de cet *imprimatur* que tout écrivain s'accorde à lui-même. Et de ce point de vue toute œuvre littéraire a une *finalité* et une *universalité*.

La finalité des *Mots* (avec le double sens de fermeture et de but), réside, je crois, dans une forme nouvelle donnée à la littérature de confession. Le style choisi pour encercler les phrases (nous empruntons ici une image proustienne) est une remarquable fusion de baroque et de classicisme, c'est-à-dire de « brillanté » métaphorique et du vocabulaire semi-abstrait de l'analyse morale. Ainsi Sartre résout un problème toujours délicat pour l'écrivain français : comment associer le propre et le figuré, le concret et l'abstrait, le descriptif et le théorique, le particulier et l'universel, le roman et l'essai, le personnel et l'impersonnel, le présent et le passé, etc.? Le plus souvent l'écrivain est condamné au jeu de cache-cache allégorique; ou bien il se livre à un jeu, plus ou moins habile, d'alternances

entre contraires, entre jugements d'existence et jugements
universels, sans qu'on sache clairement lequel est le
métalangage de l'autre, à moins que l'art suprême ne
consiste à laisser cette question irrésolue! Nous avons
déjà relevé que l'Église est prise comme mot catalyseur de
réactions métaphoriques, à la fois thème et image, pour
le récit et l'analyse : réactions en chaîne, pourrait-on
dire; en matière de métaphores filées, Sartre semble
vouloir rivaliser avec Proust, et donner les preuves de sa
virtuosité. Non sans quelque ironie. J'ai suggéré déjà
d'appeler *ironie* ce nouveau genre créé par Sartre. En
effet, si cette fusion entre la guirlande métaphorique et
l'analyse morale était sérieuse quant au ton, elle tomberait
dans le mauvais goût. L'ironie donne à cette tentative
stylistique une légèreté de main qui assure l'accord du sens
et du style. Comment l'écriture pourrait-elle se condamner
elle-même, si elle déroulait le tissu de ses images avec
le pathétique de la poésie, au moment où les enchaîne-
ments intellectuels seraient gravement déduits? L'un ou
l'autre : le pathétique poétique ou la gravité intellectuelle,
mais non les deux à la fois. Or, pour son propos, Sartre a
besoin des deux, c'est-à-dire de l'image et de l'idée. Sa
confession doit être existentielle et principielle, pour
atteindre son but : remettre le langage à sa juste place,
non pas remplacer l'image par l'idée, mais faire passer à la
fois l'image et l'idée de leur fonction imaginaire à leur
fonction réalisante; les faire passer elles-mêmes de l'état
imaginaire, qui est le leur en l'enfance du langage, à
l'état de réalité, pour autant qu'un langage puisse
devenir réel.

Le poids de réalité d'un langage est fonction de sa
puissance d'*universalité*. Le lecteur notera que *Les Mots*
s'universalisent sans effort. Le récit de cette enfance entre
mère et grand-père dans l'appartement de la rue Le-Goff
et au jardin du Luxembourg bascule sans cesse et sans diffi-
culté dans la méditation générale et les considérations
sur... De même les réflexions abstraites collent à la réalité
individuelle et deviennent typiques et exemplaires.
L'embarras de la chronologie, même s'il a été involontaire,

contribue à produire ce double effet d'universalité et d'exemplarité : le temps continu s'annule pour donner une impression de huis clos éternel. Je dirai davantage : la distinction de l'enfance et de la maturité tend à s'effacer; il est impossible d'oublier qu'il s'agit d'un adulte qui parle de lui enfant. Quant à Poulou, il est tous les hommes. On a déjà évoqué ce principe de Haeckel qui semble être pour Sartre le principe même de l'évolutionnisme littéraire, loi universelle du langage pour tous les âges d'un homme, et pour tous les âges de l'humanité. Tout se passe, dans une ultime parousie littéraire, comme si Sartre avait choisi l'enfance comme forme universelle de la lecture et de l'écriture, et l'enfant, comme l'être lisant et écrivant. C'est ainsi que ce récit-confession est le contraire d'une recherche du temps perdu. Il est le présent éternel de l'écrivain; et le livre lui-même se fait Idée platonicienne pour tout écrivain : miroir ironique où se regarder, modèle inévitable! Au lieu de *Poésie et Vérité*, Sartre a écrit *Enfance et Imposture,* mais c'est le même et éternel sujet de l'homme qui se renie en espérant ainsi mériter la grâce des signes.

## Documentation annexe

L'accueil de la critique parisienne, puis mondiale, a été favorable de façon unanime. *Le Monde* du 18 avril 1964 déclare :

> Ramené cet hiver au premier plan de la scène littéraire par la publication du premier volume de son autobiographie, Jean-Paul Sartre n'a fait précéder *Les Mots* d'aucun commentaire. Il n'aime guère l'interview. L'ouvrage a fait le bruit que l'on sait, dans un concert d'applaudissements qui se sont plus adressés à la forme qu'au fond.

Nous avons cru plus utile de donner ici au lecteur, non des échantillons des critiques, mais des textes qui pourraient aider à l'intelligence d'un livre d'une clarté et simplicité trompeuses.

Et d'abord des extraits de la grande interview de Sartre par Jacqueline Piatier dans *Le Monde* du 18 avril 1964, sous le titre :

**Jean-Paul Sartre s'explique sur *Les Mots*.**

D'autres interviews seraient aussi intéressantes à consulter; on les trouvera, avec quelques citations, à l'article sur *Les Mots* dans *Les Écrits de Sartre*. Nous nous limiterons ici à l'interview du 18 avril 1964 à laquelle nous nous sommes déjà référé. En conséquence ne seront pas cités ci-dessous des passages importants, mais qui ont été mentionnés plus haut.

On n'est pas plus sauvé par la politique que par la littérature.

— On est sauvé par quoi?

— Par rien. Il n'y a de salut nulle part. L'idée de salut implique l'idée d'un absolu. Pendant quarante ans j'ai été mobilisé par l'absolu, la névrose. L'absolu est parti. Restent les tâches. Innombrables, parmi lesquelles la littérature n'est aucunement privilégiée. C'est ainsi qu'il faut comprendre le « Je ne sais plus que faire de ma vie ». On s'est trompé sur le sens de cette phrase où l'on a perçu un cri de désespoir comme dans le « Je suis flouée » de Simone de Beauvoir.

— Vous récusez donc l'univers de Beckett?

— J'admire Beckett mais je suis totalement contre lui. Il ne cherche aucune amélioration. Mon pessimisme à moi n'a jamais été mou. Dès l'époque où j'écrivais *La Nausée,* je voulais faire une morale. Mon évolution, c'est que je n'y songe plus. Aujourd'hui je considère *Les Nourritures terrestres* (André Gide, 1897) comme un livre effarant...

— Tout ceci vous amène-t-il à dénoncer votre œuvre antérieure?

— En aucune façon... Ce que j'ai regretté dans *La Nausée* c'est de ne m'être pas mis complètement dans le coup. Je restais extérieur au mal de mon héros, préservé par ma névrose qui, par l'écriture, me donnait le bonheur...

L'écrivain doit donc se ranger aux côtés du plus grand nombre, des deux milliards d'affamés...

— Souhaitez-vous donc qu'il (l'écrivain) mette sa plume au service des opprimés?

— Ah! non. C'est la pire des attitudes. La plus fausse, la plus naïve. Celle d'un Zola, celle de Gide dans son *Voyage au Congo*. Être tranquille dans son fauteuil et prendre fait et cause pour les exploités. L'héroïsme ne se gagne pas au bout d'une plume.

... Croyez-vous que je puisse lire Robbe-Grillet dans un pays sous-développé? Il ne se sent pas mutilé. Je le tiens pour un bon écrivain, mais il s'adresse à la bourgeoisie confortable. Je voudrais qu'il se rende compte que la Guinée existe. En Guinée je pourrais lire Kafka...

Le lecteur aura aussi avantage à lire ou relire le livre de Simone de Beauvoir où elle procède à un examen de conscience parallèle (*La Force des choses*, 1963) et surtout *Tout compte fait*, essai publié en 1972.

Le lecteur trouvera aussi, p. 101 du même livre de Simone de Beauvoir, le récit de l'accident de Giacometti dont Sartre parle dans *Les Mots* (p. 195-196).

# Commentaires de textes

## Le grand-père et le petit-fils

**A la vérité, il forçait un peu sur le sublime [...] s'était prétendu ma loi.**

**(Pp. 23 à 25.)**

Un seul paragraphe de deux pages et demie, mais d'une construction très rigoureuse :

- de l'art d'être grand-père, avec Victor Hugo pour modèle;
- le portrait fait d'une juxtaposition de plusieurs images, de plusieurs événements rassemblés pour former une sorte de présentation à la lanterne magique;
- une réflexion générale sur le sens de la relation grand-père-petit-fils, à partir de : **Nous jouions une ample comédie;**
- une conclusion dégageant l'effet ultime de cette relation sur l'enfant : **pas de Sur-Moi** : on notera que le paragraphe commence par l'expression adverbiale **A la vérité;** et celle-ci est reprise, à peine modifiée, pour présenter la remarque finale : **En vérité.**

## L'art d'être grand-père, l'enfant sans Sur-Moi

Quelle est cette vérité? Elle est double et concerne à la fois le grand-père et le petit-fils. Charles Schweitzer joue à la perfection son rôle de grand-père; l'enfant, sans père, vit dans un monde imaginaire, il joue aussi son rôle d'enfant sage; tout est aisé dans un univers sans

obstacles. Et Sartre livre alors le grand secret de sa propre
psychologie (il revient plusieurs fois sur ce fait dans le
livre) : comme d'autres naissent avec une difformité quelconque, lui n'a pas reçu ce cadeau familial que Freud attri-
bue à la conscience de tout homme, un **Sur-Moi**, c'est-à-
dire un pouvoir qui domine le moi conscient, réprime
l'inconscient des instincts et complexes, et incarne en
l'individu l'image redoutée de l'autorité paternelle. Indirectement le philosophe de *L'Être et le Néant* montre
les limites de la psychologie freudienne : on peut avoir
une enfance qui ne produise pas de Sur-Moi. En passant,
Sartre nous livre aussi un autre détail sur son propre
caractère : parce que sans Sur-Moi, il n'a **point d'agressivité
non plus.** Par l'intermédiaire du grand-père et de la grand-
paternité, un enfant fait l'expérience, à la fois familiale
et culturelle, qui le destine à la vie d'écrivain. La famille
ne joue pas ici son rôle habituel, biologique; par la mort
du père, par le fait que la mère est ramenée à l'état de
fille, par le fait aussi que le grand-père peut jouer son
rôle de grand-père sans limitation, et en ayant pris la
place et responsabilité du père, les relations familiales
cessent de fonctionner selon les lois de l'animalité
humaine; d'emblée l'enfant est projeté dans une situation
culturelle, dans l'imaginaire de la littérature. Et c'est
le sens de la référence à Hugo.

## Victor Hugo

Toute une génération française, entre la fin d'un siècle
et le début du suivant, les parents comme les enfants, a été
élevée avec le modèle du grand-père parfait, à la belle
barbe blanche, au visage noble et émouvant qui rayonne la
bonté et l'indulgence, et qui est le poète : la famille
et la culture incarnées dans le génie d'un homme! Il
n'est pas étonnant que Charles Schweitzer joue à être
Victor Hugo; le faisant il obéit à un cliché culturel. Et
dès la première phrase Sartre suggère l'atmosphère
artificielle qui va envelopper l'enfant. Il ne s'agit pas
de vrais grands-pères, mais d'hommes âgés qui jouent un

rôle qu'ils se sont donné. De là cette ironie : Victor Hugo, cet homme du XIXᵉ siècle, qui se prenait pour Victor Hugo! Sartre utilise ici une plaisanterie parisienne qui est devenue un cliché pédagogique et que les professeurs tiennent en réserve pour réjouir leurs classes : plaisanterie attribuée à Jean Cocteau : **Qui est Victor Hugo? un fou qui se prend pour Victor Hugo!** à quoi le prof ajoute le mot d'André Gide : **Qui est le plus grand poète français? Victor Hugo, hélas!**, et la classe de rire poliment. Ainsi, à travers Charles Schweitzer, se dessine en filigrane le Dieu des lettres, qui se penche sur l'enfant sage. Bien entendu nous sommes au théâtre; Sartre nous le rappelle sans cesse, tout au long du paragraphe.

## L'art du photographe

Le côté imaginaire de la relation grand-père-petit-fils est accentué par la référence à la photographie, autre événement culturel de l'époque. Le théâtre devient une projection de lanterne magique. Ces projections aussi appartiennent à l'enfance de cette génération. Reconnaissons ici l'art de l'écrivain. La photo annonce le cinéma pour lequel Sartre se passionnera et qu'il découvrira avec sa mère. Avec le grand-père, c'est la photo dans l'album familial. L'auteur des *Mots* se sert du thème photographique pour présenter quelques souvenirs d'enfance dans cette juxtaposition propre à la lanterne magique. Vient un remarquable portrait de Charles Schweitzer qui commence par une description minutieuse, et se prolonge en deux scènes, l'une où le grand-père **s'incline** vers l'enfant **assis sur un tronc d'arbre**, l'autre où Poulou court à la rencontre du grand-père, et c'est le mouvement final, à l'inverse du premier : le grand-père non plus penché, mais dressé, tient l'enfant **à bout de bras**, le porte aux nues et finalement le rabat sur son cœur. Autre image, mais plus grandiose, grandiloquente, pour clichés photographiques. Dans les deux cas les acteurs prennent la pose.
On passe alors de la description à la réflexion et à l'universalisation des scènes. Sartre nous le dit : ce ne sont là

que deux scènes dans **une ample comédie aux cent sketches divers**. Le vocabulaire devient moral et général : **le flirt, les malentendus, le dépit amoureux, la passion**, etc.; tous les ressorts de la comédie de boulevard sont évoqués, et cela se termine, pour éviter le danger de l'analyse abstraite, par un rappel de l'indulgence hugolienne et l'allusion au célèbre poème sur les confitures, poème qu'ont appris par cœur tous les enfants de la génération de Sartre.

Jusqu'alors le ton est ironique, non sans tendresse. L'adulte regarde avec détachement les photos de famille; il n'est pas dupe d'un procédé culturel, national et familial, dont il a été la victime ravie. Il ne nous met pas en garde contre les mêmes pièges; il ne moralise pas; il note; et on sent qu'il se cherche lucide; s'il donne parfois l'impression d'être impitoyable, féroce et sardonique en feuilletant l'album des souvenirs, c'est qu'il veut saisir la « vérité », comme le ferait le photographe. Est-ce à dire que Sartre est un écrivain réaliste, et qu'il écrit dans la foulée de Flaubert ou de Zola? Non, car la relation littéraire entre la description et l'analyse morale ne prétend pas à l'objectivité réaliste. L'ironie elle-même, qui est le style de la vérité, introduit une subjectivité supérieure au langage objectif. Les faits, êtres et événements, ne sont pas désignés directement, mais transposés à l'intérieur d'un *pattern* métaphorique (ici, la grand-paternité et la photographie), qui leur donne leur vérité dernière. Et c'est pourquoi en fin de paragraphe, l'ironie et la transposition métaphoriques sont abandonnées; on passe au style sérieux de la confession-constatation. Le **A la vérité** du début de paragraphe devient un **En vérité** légèrement solennel : nous sommes invités à visiter les coulisses du théâtre grand-paternel. Cette fois, ce n'est plus Hugo qui est apostrophé, mais Freud. L'allusion à l'« œdipe » est encore ironique; le langage de Freud (**complexe d'Œdipe, Sur-Moi, agressivité**, etc.) sert à relever un trait caractériel important et à en expliquer la genèse : voilà une enfance qui ne fait pas le **dur apprentissage** des complexes familiaux, la haine du père, la jalousie à l'égard de la mère, les frustrations, les redressements agressifs, la révolte du jeune animal humain : Sartre

se voit épargner l'expérience de la vie au niveau biologique; il entre de plain-pied dans le culturel et sa
dimension théâtrale; il ne connaît la réalité **que par sa
rieuse inconsistance**. La phrase n'est pas claire, avouons-le.
A qui se rapporte le **sa**? A la réalité, semble-t-il. Il faut
penser alors que la réalité est rendue inconsistante,
par la comédie du grand-père, qui est lui-même inconsis-
tant par l'effet d'une culture. Bref, Sartre, par une double
réduction ironique et psychanalytique, désamorce l'image
d'un Dieu terrible et justicier. Dans l'Église culturelle qui
se bâtit autour de lui, Dieu est devenu un vieillard
à barbe fleurie, qui déverse sur l'enfant une indulgence de
théâtre ou l'élève, **en murmurant : « Mon trésor! »**

---

*Questions et essai :*
— Analyser toutes les références à la photographie et à la
lanterne magique dans le passage. Montrer leur unité thématique et stylistique. Dégager la valeur métaphorique de
la photographie dans l'ensemble de l'œuvre.
— Étudier le portrait de Charles Schweitzer, et montrer
en quoi il constitue une véritable image composite du
petit-bourgeois français et cultivé du début du
XX$^e$ siècle.
— Comparer ce passage avec d'autres où Sartre parle de
son grand-père : commenter en particulier ces deux
textes : **Il fut le Dieu d'Amour avec la barbe du Père et le
Sacré-Cœur du Fils** (p. 22), et **Dans la lutte des générations,
enfants et vieillards font souvent cause commune (p. 28)**.

## La mère et le fils

Ça me troublait : si l'on m'eût donné, par chance, une sœur, m'eût-elle été plus proche qu'Anne-Marie? Que Karlémami? Alors c'eût été mon amante. Amante n'était encore qu'un mot ténébreux que je rencontrais souvent dans les tragédies de Corneille. Des amants s'embrassent et se promettent de dormir dans le même lit (étrange coutume : pourquoi pas dans des lits jumeaux comme nous faisions, ma mère et moi?). Je ne savais rien de plus mais sous la surface lumineuse de l'idée, je pressentais une masse velue. Frère, en tout cas, j'eusse été incestueux. J'y rêvais. Dérivation? Camouflage de sentiments interdits? C'est bien possible. J'avais une sœur aînée, ma mère, et je souhaitais une sœur cadette. Aujourd'hui encore — 1963 — c'est bien le seul lien de parenté qui m'émeuve [1]. J'ai commis la grave erreur de chercher souvent parmi les femmes cette sœur qui n'avait pas eu lieu : débouté, condamné aux dépens. N'empêche que je ressuscite, en écrivant ces lignes, la colère qui me prit contre le meurtrier de Camille; elle est si fraîche et si vivante que je me demande si le crime d'Horace n'est pas une des sources de mon antimilitarisme : les militaires tuent leurs sœurs. Je lui en aurais fait voir, moi, à ce soudard. Pour commencer, au poteau! Et douze balles dans la peau! Je tournais la page; des caractères d'imprimerie me démontraient mon erreur : il fallait *acquitter* le sororicide. Pendant quelques instants, je soufflais, je frappais du sabot, taureau déçu par le leurre. Et puis, je me hâtais de jeter des cendres sur ma colère. C'était comme ça; je devais en prendre mon parti : j'étais trop jeune. J'avais tout pris de travers; la nécessité de cet acquittement se trouvait justement établie par les nombreux alexandrins qui m'étaient restés hermétiques ou que j'avais sautés par impatience.

(Pp. 48-49.)

Remarquons d'abord que le texte ainsi découpé constitue la première partie d'un long paragraphe consacré à la lecture : on passe de l'évocation d'Anne-Marie à celle de la Camille de Corneille, puis à Madame Bovary, et l'on débouche sur une question, qui est la question critique par excellence : l'enfant « se tracasse » déjà au sujet des questions auxquelles l'adulte tentera de répondre dans

*Qu'est-ce que la littérature?,* les de quoi, les qui et les **pourquoi,** interrogations que tout lecteur pose au cours de ses efforts de communication extralucide avec l'auteur, et qu'il se pose finalement à lui-même. Or la mère du futur écrivain nous a été déjà présentée comme la déesse médiatrice de la lecture : **De ce visage de statue sortit une voix de plâtre;** et c'est toujours la même filière métaphorique : nous sommes à l'église : la madone en Saint-Sulpice se met à parler et remplit son rôle de suprême intercesseur. Tel est, je crois, le sens de ce passage où Anne-Marie passe de l'état de mère à celui de grande sœur et de médiatrice. Ainsi, pour continuer à utiliser ce vocabulaire d'iconographie chrétienne, *Les Mots* ne nous entraînent pas vers le rêve d'une théologie christique déroulant le chemin de croix de l'écrivain crucifié sur les mots, telle qu'elle peut être trouvée chez Samuel Beckett; ici l'intercesseur-médiateur prend la forme féminine; et Sartre développe une théologie mariale, avec une subtile retouche : la mère, qui engendre dans une immaculée conception, se transmue en la sœur qui devient alors responsable d'une immaculée médiation, de cette médiation culturelle qui permet la nativité du prédestiné à l'écriture. Et c'est pourquoi la relation de la mère et du fils se trouve changée en une relation de la sœur et du frère, en une sorte d'inceste culturel, forme suprême d'amour platonique.

Cette situation est préparée avec soin. Sartre nous a averti : Anne-Marie, devenue veuve après deux ans de

---

1. Vers dix ans, je me délectais en lisant *Les Transatlantiques* : on y montre un petit Américain et sa sœur, fort innocents, d'ailleurs. Je m'incarnais dans le garçon et j'aimais, à travers lui, Biddy, la fillette. J'ai longtemps rêvé d'écrire un conte sur deux enfants perdus et discrètement incestueux. On trouverait dans mes écrits des traces de ce fantasme : Oreste et Électre, dans *Les Mouches,* Boris et Ivich dans *Les Chemins de la liberté,* Frantz et Leni dans *Les Séquestrés d'Altona.* Ce dernier couple est le seul à passer aux actes. Ce qui me séduisait dans ce lien de famille, c'était moins la tentation amoureuse que l'interdiction de faire l'amour : feu et glace, délices et frustration mêlées, l'inceste me plaisait s'il restait platonique. (Note de Sartre.)

mariage, redevient ainsi fille au sein de sa famille; et pour son enfant, elle est d'abord la fille de Charles Schweitzer. Nous avons appris encore que cet enfant, par le fait même de cette situation familiale, est dispensé du lit de Procuste freudien, qui aurait mutilé, dit la critique contemporaine, la plupart des écrivains de l'ère judéo-chrétienne : Sartre n'a pas d'« œdipe »; il n'a pas eu de père à tuer, de meurtre culturel à perpétrer pour devenir créateur à son tour. Mais n'oublions pas que l'œdipe freudien est à double visage : c'est le double profil du meurtrier et de l'amant. Et ce texte des pages 48 et 49 répond à la question que le lecteur se pose depuis qu'il a compris que Charles Schweitzer joue simultanément tous les grands rôles de l'Ancien Testament, Jéhovah, Moïse et la lignée des prophètes qui annoncent la nouvelle : un nouvel écrivain est né. Comment cet écrivain est-il né? Par l'intervention de la femme, mais dépossédée de sa fonction génitrice. *Les Mots* seraient ainsi le récit d'une création spontanée, sorte de parthénogenèse verbale, où la fonction maternelle est réinterprétée comme fonction **soror-nelle** : les mots passent par la femme, intermédiaire nécessaire, mais ne sont pas engendrés par elle : lectrice immaculée, et non génitrice!

Regardons maintenant le détail du texte. **Ça me troublait :** voilà l'indication initiale et inductrice. L'enfant est troublé; ce trouble serait-il œdipien? Le problème de l'inceste est formulé; le mot sera écrit et Sartre éprouvera le besoin de compléter son « analyse » par une note (une des rares notes qui se trouvent dans ce livre). Le ton adopté pour parler de cette délicate question est celui de l'ironie. Mais l'ironie, presque partout ailleurs, et surtout quand il s'agit du grand-père, possède une double nuance d'agressivité et de défensivité (Sartre semble vouloir éviter ce double complexe quand il souligne l'existence de son être sans Sur-Moi; et je crois qu'il n'y a aucune raison pour ne pas le croire, mais j'ai cru déceler, en dehors de toute tentation œdipienne, une attitude secrète où l'agression naît du besoin de se justifier qui naît lui-même d'un état profond où l'écriture se vit dans une existence sur la défensive, et l'ironie semble être le symptôme révélant cette complexité); quand Sartre parle de sa mère, l'ironie de langage subsiste, mais elle se fait tendre, gentille, reconnaissante, protectrice, légèrement supérieure. Non, Sartre n'est pas Baudelaire, coincé entre mère et beau-père. Chez les Schweitzer, et dans le milieu petit-bourgeois, ce nouveau terreau de culture pour futurs écrivains français, dans cette vie quotidienne dominée par le sérieux du travail professionnel, le luxe des complexes familiaux, baudelairiens ou gidiens, n'est guère permis ou possible. Faut-il rattacher l'ironie, dans son universalité, à la situation dite bourgeoise? Et ainsi admettre une certaine qualité d'ironie propre à la condition dite petite-bourgeoise? La réponse à cette question pourrait ouvrir une perspective sur trois siècles de littérature française.

Examinons maintenant le traitement littéraire de ce **trouble** qui envahit l'écrivain. Celui-ci précisera que son texte a été écrit en 1963 : **Aujourd'hui encore — 1963...** Comme on sait que *Les Mots* ont été surtout écrits en deux époques, à dix ans de distance, cette indication de temps est précieuse : pour une fois l'auteur nous invite à dater. On est même tenté de faire l'hypothèse suivante : un premier texte sur cette question de l'inceste de l'écrivain aurait été écrit vers 1953; quand l'auteur se relit dix ans après, il éprouve le besoin de développer sa pensée en ajoutant une note qui souligne l'importance du problème pour lui; et il se confirme lui-même dans cette relecture : aujourd'hui, c'est-à-dire en 1963, le trouble en question est toujours présent, mais devenu conscient. Il prend la forme d'une question claire qui met en cause la structure familiale : **Une sœur, m'eût-elle été plus proche qu'Anne-Marie? Que Karlémami?** La référence au grand-père et à la grand-mère est marginale, comme le montre la suite du passage. Le vrai problème, indirectement posé, est le suivant : ai-je vraiment besoin d'une sœur? Oui, et nous avons vu plus haut pourquoi : elle est la médiatrice sans quoi... C'est alors l'enfant qui parle : **C'eût été mon amante.** Le thème de l'inceste est introduit par le biais d'une déclaration enfantine; mais derrière l'enfant, l'adulte est présent qui dit cette confession et ainsi nous avertit habilement : voilà un trait de psychologie de l'enfance, ce qu'est l'amour pour cet enfant protégé qui vit entre adultes et découvre l'amour dans les livres : sorte d'initiation culturelle à l'amour, et transposition des personnages familiaux en partenaires dans cette thaumaturgie théâtrale avec ses deux services, lecture et écriture! On comprend pourquoi la justification de l'inceste conduit à une réflexion sur le meurtre de la sœur (la Camille de l'*Horace* bien connu des écoliers de France), et pourquoi Camille, la sœur, nous mène vers *Madame Bovary,* non pas pour pleurer sur la pauvre Emma, mais pour voir l'enfant s'interroger sur le **pauvre veuf**, sur le mari trompé. Le lien est visible entre lui et Horace, qui est en quelque sorte le frère trompé. Amour, meurtre, tromperie, mort, toutes ces dramatisations abolissent les réalités familiales; l'enfant oublie son amour incestueux pour vivre la justification des héros trompés et finalement se plonger dans **le langage à l'état de nature, sans les hommes** (p. 51).

La suite du texte, après l'apparition de l'image de l'amante, est sans doute l'un des passages les plus directement émouvants, où, par un mouvement délicat, avec un tact qui ramène la confession au niveau de la confidence, en dehors et même au-delà, de tout désir de justification ou de provocation défensive, l'auteur fait parler l'adulte à travers l'enfant, et l'enfant à travers l'adulte. En une phrase, une parenthèse, l'intimité de la rue Le-Goff est révélée : deux lits jumeaux dans une chambre, la chambre des enfants. Et c'est l'aveu, l'aveu d'un **rêve**; il ne s'agit pas de réalité! Cependant Sartre pense toujours à Freud, et il s'en débarrasse en deux questions suivies d'un haussement d'épaules : **Dérivation? Camouflage de sentiments interdits? C'est bien possible.** Mais voilà le sous-entendu : ce n'est pas là le vrai problème qui n'a rien à voir avec la mythologie œdipienne de Freud! L'amour authentique est, chez l'homme, le besoin d'une sœur : la femme-sœur dont la féminité transcende la sexualité, au-delà de la femme-maîtresse, de la femme-enfant, de la femme-mère, de la femme-égérie;

la dualité du masculin et du féminin cherchée au plus
profond, dans le dépassement du biologique familial, et
découverte au milieu des mots, la dualité heureuse qui
inspire peut-être la fraternité humaine : ce n'est pas le
besoin d'un frère d'armes, mais d'une sœur de lecture!
Ensuite cet aveu, où se mêlent les deux voix de l'enfant
et de l'adulte, débouche dans un autre aveu, qui est
sans doute la confidence la plus importante que Sartre ait
jamais faite sur lui-même :

> **J'ai commis la grave erreur de chercher souvent parmi
> les femmes cette sœur qui n'avait pas eu lieu : débouté,
> condamné aux dépens.**

Une psychologie facile statuera : Sartre a cherché sa vie
durant la grande sœur que sa mère a été pour lui; et il a
échoué, non parce qu'il n'a pas trouvé de femmes prêtes
à jouer ce rôle de grande sœur, mais parce qu'il n'a pas
voulu détrôner la grande sœur de sa première place, et
qu'il a demandé aux autres de tenir le rôle de petites
sœurs. Disons, comme Sartre, c'est bien possible; disons
même : c'est probable. Mais nous sommes ainsi loin du
compte! Comme en passant, et avec beaucoup de doigté,
Sartre nous invite, homme ou femme, à prendre conscience
de la relation du masculin et du féminin, à la désengager
de la structure bio-familiale en allant au-delà des fonctions
du géniteur et de la génitrice, en rêvant d'un état de
communication complète de l'humanité avec elle-même
comme préliminaire initiatique à la solitude de la
création. Au-delà de Freud; et peut-être aussi au-delà de
Marx et du Engels de *La Sainte Famille :* au-delà de la cas-
tration freudienne et du fraternalisme marxiste; est-ce
l'univers culturel où Sartre souhaiterait rencontrer la
femme? Je serais tenté de le croire. En tout cas ce texte
mérite réflexion; et il est rare, par son caractère personnel.
On comprend alors le sens de cette note si précieuse
pour le lecteur de Sartre. La joie innocente de l'inceste
est reliée à la découverte d'une lecture, — un livre
d'enfants où on [...] **montre un petit Américain et sa sœur,
fort innocents d'ailleurs;** ce livre n'a qu'une fonction
révélatrice, mais il fixe en quelque sorte ce besoin qui

donne à l'enfant ses émotions les plus fortes. Le thème
du frère et de la sœur va donc circuler dans l'œuvre de
l'écrivain. **On trouverait dans mes écrits des traces de ce
fantasme.** Le mot **fantasme** n'est pas freudien. Il est
ironique, mais demande à être pris au sérieux : il désigne
un rêve qui est peut-être le rêve le plus intense qu'un
homme puisse faire : la solitude naturelle rompue, le nar-
cissisme surmonté, les illusions de l'amitié dissipées, que
cherche-t-on? Sartre le dit curieusement en fin de note :
**l'interdiction de faire l'amour.** Faut-il traduire : **sexualité
dépassée, ou refrénée?** Le commentaire de l'auteur qui nous
a déjà renvoyés à ses trois couples imaginaires, **Oreste et
Électre,** dans *Les Mouches,* **Boris et Ivich** dans *Les Chemins de
la Liberté,* **Frantz et Leni,** dans *Les Séquestrés d'Altona,* semble
être un essai d'explication psychologique :

> feu et glace, délices et frustration mêlées, l'inceste
> me plaisait s'il restait platonique.

L'analyse se limite à la description des sensations qui
accompagnent cette conscience incestueuse, mais elle laisse
inexpliquées la réalité et la force du besoin lui-même.
Et c'est un besoin qui se cache derrière le meurtre de
Camille par son frère. La fin de notre passage est consacrée
à ce meurtre qui a bouleversé l'enfant toujours présent
dans l'adulte, lequel continue encore à frémir en pensant à
ce frère bourreau de sa sœur et incarnation de la brutalité
militaire. L'ironie change de ton; elle se charge d'agressivité, non seulement contre les militaires qui tuent leurs
sœurs, mais contre la littérature elle-même qui invite à
**l'acquittement.** L'enfant découvre la duplicité du jeu
littéraire; il doit capituler devant les explications que lui
donnent sa mère ou son grand-père. L'ironie alors
perd ses piquants pour n'être plus finalement que désenchantement. Il se moque légèrement de lui-même en
image de **taureau déçu par le leurre.**

*Questions et essai :*

Ce texte invite à préciser deux questions d'ordre technique particulièrement importantes pour l'œuvre dans son ensemble :

— Quels sont les différents langages de l'ironie utilisés dans ce passage?

— Étudier l'interaction de l'enfant et de l'adulte, en se demandant, pour chaque phrase interrogative, déclarative, explicative : *Qui parle?*

Ensuite montrer la valeur et la qualité des effets littéraires ainsi obtenus.

Sur le plan thématique, et en suivant les indications de Sartre dans la note, on pourrait faire une recherche sur ces deux questions :

— Quel est le sens du **couple** dans les exemples cités par Sartre et par rapport à la confession faite dans ce texte?

— Comparer le portrait de la mère de l'écrivain avec celui des femmes qui apparaissent dans *La Nausée,* en se rappelant que ce dernier roman écrit plus de quinze ans avant *Les Mots* est aussi l'histoire de la naissance d'un écrivain et de son œuvre (la première).

# L'enfant et l'adulte

Je devins traître et je le suis resté. [...] un chef-d'œuvre.

**(Pp. 199 à 202.)**

Autres textes qui pourront être confrontés avec celui que nous retenons :

1) pp. 30-31 : le paragraphe qui commence ainsi : **Je ne cesse de me créer...;**

2) p. 36 : le paragraphe qui répond à la question : **Suis-je donc un Narcisse?;**

3) p. 76 : le paragraphe sur l'absence du père : **Un père m'eût lesté...;**

4) pp. 139-140. Depuis **En vérité, je ressemble à Swann...,** jusqu'à : **le mandat soi-disant impératif que j'avais reçu dans l'humilité.**

Nous voici en face d'un long paragraphe de trois pages; ce qui est loin d'être inhabituel dans ce livre; il semble même que ce volume verbal corresponde à la molécule littéraire que l'écrivain Sartre adopte le plus volontiers, qu'il s'agisse d'une option spontanée ou voulue.

Ce passage étant remarquablement construit, nous en chercherons d'abord la composition, c'est-à-dire l'ordre du mouvement qui conduit le lecteur de la première à la dernière phrase. Deux masses sensiblement équilibrées : la première est une réflexion sur la nature de la traîtrise propre à l'auteur, qu'il soit enfant ou adulte; et elle est opposée à la fidélité de **certaines gens,** qui est prise comme trait caractériel antithétique de la traîtrise; et l'on comprend alors que **traître** signifie « traître envers soi-même », et non envers les autres, comme la fidélité est elle-même fidélité envers soi-même. On notera en passant que Sartre prend le contrepied de la morale cartésienne de la **générosité** que l'auteur des **Passions de l'âme** définit comme cette vertu **qui fait qu'un homme s'estime au plus haut point qu'il se peut légitimement estimer** (articles 149 à 156). L'analyse est ici personnelle et générale : elle est une description du comportement de traîtrise. La deuxième partie commence par ce début de phrase : **Moi, je ne tiens pas les rancunes;** Sartre donne un premier exemple de sa **traîtrise** à l'occasion d'un cas typique, celui de la relation entre amis; puis il passe à un second exemple, à partir de **Inversement...,** qui s'applique non plus à l'homme Sartre, mais à l'auteur dans sa relation avec ses livres et les critiques de ses livres. Et l'on comprend alors, en fin de paragraphe, que la traîtrise sartrienne est en fait la vraie fidélité de l'écrivain envers lui-même, envers l'œuvre qu'il est en train d'écrire. L'unité de ce paragraphe est ainsi parfaitement assurée, comme la solution d'un paradoxe qui est posé dans la première phrase : **Je devins traître et je le suis resté :** la conduite de l'écrivain est-elle une fidélité à la traîtrise? Non, car trahir la fidélité, c'est être fidèle au devoir de l'écriture, c'est obéir à la prédestination de l'écriture. Serait-ce, en style cartésien, la vraie générosité, l'estime de soi se conquérant dans le difficile et impératif dévouement à l'œuvre, c'est-à-dire fidélité à ce présent tendu vers l'avenir, à l'action par laquelle l'œuvre va naître, et non fidélité qui se perdrait dans la contemplation d'un passé périmé. L'écrivain des *Mots* se rappelle les découvertes du philosophe de *L'Être et le Néant* : je suis ce que je fais. En fin de paragraphe Sartre se sert d'une heureuse expression quand il demande que soit respectée, maintenue **la hiérarchie chronologique,** qui fait de l'avenir, de demain et après-demain (et non l'illusoire postérité), la seule vraie chance de l'écrivain. Devant une telle conception de l'écriture comme *acte,* nous sommes en droit de nous demander si ce texte ne contient pas en raccourci la *morale* tant attendue de Sartre, une morale de la traîtrise qui est fidélité de l'acte d'écriture à lui-même. Pour employer une métaphore sartrienne qui est appliquée à la liberté de l'homme et qui s'impose ici, l'écrivain est condamné à être traître; et cette condamnation, cette malédiction désigne le seul impératif catégorique de son métier.

Étudions maintenant l'organisation du premier mouvement où l'auteur analyse la nature de sa traîtrise et la situe par rapport à la fidélité au sens moral habituel. Il commence par commenter et éclairer la déclaration de la première phrase, qui retentit comme un défi et une provocation. Remarquez le passé simple du **Je devins** : la traîtrise n'est pas un caractère inné; elle est acquise; plus exactement encore, ce passé simple indique que nous sommes dans le domaine de la culture et non dans celui du donné biologique. Et cela est si vrai que ce passé simple est surtout expliqué au présent de l'indicatif. La deuxième phrase est ce commentaire. Elle est longue, mais étonnamment légère, grâce à deux techniques de coupures, une suite de propositions principales courtes et une suite de compléments : ce double mouvement sériel de la phrase lui donne de la vivacité, de l'allégresse qui s'affirme dans l'adjectif **joyeux** et de l'ironie : la phrase longue

pour discours éloquents est transformée en un exercice de
brièveté et de vitesse verbales. Sartre explique sa traîtrise : elle est refus de continuité de soi à soi, espérance
de reniement, la vraie jouissance de l'instant; ce n'est
pas un nouveau **cueillons dès aujourd'hui...** ni un autre
appel gidien à la course aux nourritures terrestres; cet
instant présent est infiniment précieux, non simplement
parce qu'il renie son frère qui le précède, mais surtout
parce qu'il se prépare à se renier soi-même pour ce qu'il
sera : l'instant devient ainsi la joie de se sentir devenir
autre; et la succession des instants est une course vers les
trahisons futures. Et peut-être trouvons-nous dans cette
image de *la course,* associée à une exigence de vitesse, et
suggérée constamment par le mouvement rapide de la
phrase, la deuxième matrice verbale des *Mots,* la première
étant l'Église. Nous avons vu l'enfant courir vers son grand-
père, et cette course s'achever dans une assomption à bouts
de bras; l'enfant court aussi dans les allées du *Luxembourg.*
Est-ce reconnaître que l'écriture est une course, une
étrange course de fond qui serait une succession de courses
de vitesse? Sans doute est-ce là l'image ironique que
l'auteur prend de lui-même : il court, il court
l'écrivain,... et c'est là le secret de tous ses reniements.
Une nouvelle phrase commence avec **En gros...**; le point
final vient neuf lignes plus bas : l'amateur de stylistique
pourra choisir cette phrase pour étudier le maniement
habile des signes de ponctuation, virgule, point et virgule,
deux points, tiret, qui marquent le rythme intérieur de la
phrase et contribuent, par leurs agencements, à donner à
la phrase cette impression de vitesse sans essoufflement.
Second moment dans l'explication, et Sartre pense à son
lecteur : attention! ne vous méprenez pas! Je ne suis pas
un « salaud », — sûrement pas un de ces salauds que
j'ai dénoncés dans *La Nausée,* ni le salaud inverse, ce
que les bourgeois appellent salaud dans leur morale. La
traîtrise sartrienne ne concerne ni les sentiments ni les
actions : **constant dans mes affections et dans ma conduite**
(l'écrivain peut être un fils attentif et un ami sûr), la
phrase s'achève : **je suis infidèle à mes émotions.** Les exem-

ples donnés nous mettent alors sur la voie de l'interprétation juste : **des monuments, des tableaux, des paysages.** L'émotion appartient à l'univers des instants, qui est l'univers esthétique par excellence : l'affection et la conduite requièrent la continuité comme valeur et lien temporels. L'émotion est le refus du temps au cœur de l'instant. La traîtrise est donc fondée sur une esthétique de la création littéraire.

Une nouvelle précision est alors donnée, d'ordre moral : **Faute de m'aimer assez...** Autre observation stylistique : l'attaque de la phrase : cette attaque est toujours nerveuse, rapide, presque brusque parfois : c'est le démarrage du coureur de vitesse; on a souvent l'impression d'entendre le coup de revolver du starter. Un nouveau démarrage qui provoque un effet de surprise : la traîtrise n'est pas l'amour de soi, une sorte de lâcheté égoïste. C'est tout le contraire : je ne m'aime pas assez pour avoir envie de défendre mon passé; et c'est même la raison pour laquelle je me renie si aisément. Je me hâte de m'oublier, pour me précipiter sur le « nouveau ». Deux images dominent ce fragment : d'abord l'aveu métaphorique de la course : **J'ai fui en avant.** Le traître est celui qui fuit, mais le traître ordinaire fuit en arrière; l'écrivain est celui qui fuit dans la direction de l'ennemi, non pour se rendre, mais pour établir le contact émotionnel. Ainsi se dégage une belle idée de l'écriture, comme fuite en avant, et de l'œuvre, comme point de fuite vers d'autres œuvres. La deuxième image qui boucle le fragment rappelle, pour le cas où nous serions tentés de l'oublier, que nous sommes dans un univers ironique où l'écrivain prend ses distances, non seulement à l'égard de lui-même et de son passé, mais même devant le miroir de l'œuvre, où s'écrit : **demain, on rasera gratis.** Telle est la séduction du lendemain meilleur; comme le coureur : je ferai mieux la prochaine fois. Le vertige de l'utopie serait-il le secret bien caché de l'écriture ?

Et l'on passe au dernier aveu dans cette suite explicative : **Mes premières années, surtout, je les ai biffées.** Ainsi s'introduit la confession de l'homme de trente ans; elle est donnée de façon indirecte : des amis constatent que l'écri-

vain a l'air d'être sans enfance ni famille, et l'écrivain
a la sottise d'être flatté. L'adulte commence donc par être
celui qui renie ses parents, qui se rêve orphelin. L'homme
mûr saura mieux dire et mieux faire. Il récupérera son
enfance et sa famille pour les intégrer à son écriture.
Récupérés et reniés, si l'on en croit une lecture super-
ficielle des *Mots?* Non, nous savons que le reniement
n'appartient ni à l'ordre des affections, ni à celui de
l'action. Il donne sens à l'ordre des émotions, qui est
l'ordre esthétique, c'est-à-dire le langage mis à nu. Et
l'ironie trouve sa juste place à la naissance de l'émotion. De
bons ou de mauvais fils ne font pas de bonnes ou de mau-
vaises littératures, pas plus que de mauvais maris ne font
de bons romans, pourrait-on dire à l'auteur de *L'Immo-
raliste!*

Nous parvenons ainsi à la dernière étape de l'analyse-
confession : Sartre s'incline devant **l'humble et tenace
fidélité de certaines gens,** et il précise : **des femmes
surtout.** Le culte du passé est évoqué sous diverses formes,
surtout dans l'amour et la mort : emporter dans le tom-
beau une première poupée, mettre dans son lit une femme
vieillie, refuser d'enterrer les morts. Ces images se
rattachent au même système eidétique de la morale romanti-
co-bourgeoise, et à son orchestration de l'amour et de
la mort. Finalement la fidélité est réduite à la rancune.
**Moi, je ne tiens pas les rancunes...** Voilà l'attaque du
premier exemple; le second commencera par un **Inversement...** Le premier se développe en une page de véritable
comédie. Sartre se moque doucement de lui-même :
**pour l'autocritique, je suis doué;** puis il fait allusion
à des misères qu'on lui a faites en 1936 et en 1945; il ne
dit pas de quoi il s'agit; ce sont des affronts, des vexations,
et de conclure : **Cet imbécile ne savait même pas se faire
respecter.** Ainsi est esquissé un portrait de l'écrivain
bafoué, humilié et désemparé, ne sachant comment s'y
prendre pour se défendre contre des mufleries ou des
méchancetés. Maladroit dans la lutte sociale, il l'est encore
dans les relations entre amis. Cette fois c'est lui qui a
vexé ou même humilié, blessé. Suit une description

piquante de ses efforts pour réparer ses maladresses, tout ce qu'il fait contribuant seulement à aggraver la colère de l'autre, et finalement à éveiller la sienne. Un vrai portrait à la La Bruyère, et qui pourrait s'intituler : les deux amis ou le malentendu. La suite est écrite de façon moins brillante, avec un minimum d'ironie et même, en final, avec une réelle gravité, quand l'écrivain s'adresse au critique, pour accepter toutes ses critiques, toutes ses dépréciations, mais pour demander encore que lui soit accordée **la chance de faire mieux demain**. C'est la grâce que demande à ses bourreaux le condamné à l'écriture : conscience professionnelle et dignité de l'artisan. Sous le couvert de l'image du traître, c'est la morale du métier d'écrire qui est formulée dans ce texte, une éthique fondée sur le devoir d'infidélité, au nom d'une plus haute fidélité.

---

*Questions et essai :*

— Montrer comment la « traîtrise » de l'écrivain s'accorde avec la théorie existentialiste de la conscience et du projet.

— Comparer cette analyse de la traîtrise avec la théorie de la relation avec l'autre, telle qu'elle est exposée dans *L'Être et le Néant* et *La Critique de la Raison dialectique,* ou telle qu'elle est présentée dans *Huis clos.*

— Le thème sartrien de la « fuite en avant » s'oppose-t-il au thème proustien de la recherche du temps perdu ?

# Les livres

J'ai commencé ma vie comme je la finirai sans doute [...].

**(Pp. 37 à 43.)**

Cet extrait est le début d'un ensemble bien détaché entre deux larges espacements, et se terminant, p. 67, par la phrase que j'ai déjà citée :

> **Aujourd'hui encore je lis plus volontiers les *Série Noire* que Wittgenstein.**

Ces trente pages pourraient avoir pour titre : les livres et leurs hommes, les auteurs, les éditeurs, les lecteurs; et le mouvement se poursuit. Dans le passage retenu ici, la découverte du livre est présentée comme une initiation religieuse qui s'arrête au moment où l'enfant, finalement appelé **l'Eliacin des Belles-Lettres** (p. 67), vit la différence entre le récit conté et la lecture, entre le conte oral et le livre imprimé.

La composition est claire; l'art de l'écrivain ne cherche pas à se cacher : le mouvement des pages se décompose en moments qui, eux-mêmes, coïncident avec les paragraphes. Il est alors aisé de distinguer cinq moments qui prennent une double valeur de description et de révélation progressive :

— le livre de bibliothèque, dont un peu plus tard le Grand Larousse devient le symbole et le condensé (*cf.* p. 45);

— le livre emprunté : l'antithèse est soulignée par la dualité des officiants; le grand-père est le maître de la bibliothèque, cependant que la grand-mère et sa fille sont les prêtresses d'**un culte mineur**;

— les livres du grand-père, et l'on voit un auteur aux prises avec son éditeur;

— les livres d'enfants, par lesquels l'initiation devient une **appropriation** et l'enfant fait l'expérience de la diffé-

rence entre le livre et le langage oral des contes dits par sa
mère;
— et c'est enfin le moment suprême du culte et de l'initiation : la révélation de la lecture;
— ce paragraphe prolonge le précédent, le consacre :
l'enfant préfère le livre au conte oral, et Sartre, brièvement,
mais en profondeur, marque la séparation de la parole et
de l'écriture. La suite de ce fragment donne l'histoire des
événements qui ont suivi l'initiation; et nous pouvons ainsi
considérer le paragraphe 6 comme la première prise de
conscience du livre dans l'originalité de sa situation et de
sa fonction.

Autre aspect de la technique employée ici : pour chaque
paragraphe, sauf le sixième qui est une sorte de pause
comme conscience initiatique, Sartre détache une scène et
lui donne une valeur exemplaire, avec un personnage
central, le héros de l'événement : c'est d'abord la silhouette
inoubliable du grand-père dans sa bibliothèque, se levant
(**je l'ai vu mille fois**) pour prendre un livre; au
deuxième paragraphe, c'est une véritable scène de comédie
à trois personnages autour du livre emprunté; puis vient
l'évocation de l'auteur devant les **épreuves** et dans un
long et pathétique monologue où il apostrophe l'éditeur;
le quatrième paragraphe dessine une nouvelle silhouette,
une charmante esquisse d'intimité, comme un fusain à la
Greuze : la mère, **cette jeune fille de tous mes matins**, raconte
une histoire à son fils en un merveilleux soliloque; et enfin,
arrive la scène cruciale de la lecture, le moment le plus
dramatique de toute cette initiation : le livre est devenu
propriété de l'enfant, la mère médiatrice est abolie; grâce
au livre Poulou est devenu l'**enfant de toutes les mères**,
Anne-Marie **la mère de tous les enfants**; ainsi est consacré
le passage du biologique au culturel, de l'intimité familiale
à une nouvelle intimité supérieure : l'appartement où se
niche cette famille s'est transformé en une église où vont
désormais se pratiquer toutes sortes de rites, majeurs et
mineurs. C'est pourquoi, quand la lecture s'arrête, l'enfant
part, son livre sous le bras, et **sans dire merci** :
il est perdu dans l'étonnement de la révélation, et surtout

le fidèle ne dit pas merci en quittant l'église; il part, recueilli, son missel serré sous le bras. Je me suis servi du mot « scène » pour désigner ces évocations successives qui sont des réussites littéraires; et l'une ou l'autre devrait être étudiée en détail. On reconnaîtra ici le don de l'auteur des *Mots* pour la projection théâtrale. Il ne fait pas une *description* à la manière de Balzac ou de Flaubert; il compose directement une scène; les indications ont une valeur scénique; les paroles dites ou suggérées ne sont pas simplement des récits de monologues ou de conversation, comme font habituellement les romanciers, mais elles sont dites pour être immédiatement entendues par un lecteur-spectateur.

Celui-ci pourrait aussi prendre occasion de cette lecture pour étudier la technique et le jeu des images. D'abord on vérifiera aisément l'hypothèse générale que j'ai faite : l'église et la messe sont les matrices de toutes les métaphores des *Mots*. La métaphore est infiniment plus que la recherche artificielle d'un effet littéraire : elle devient la réalité même, la substance de la vie du futur écrivain, prédestiné à cette vie métaphorique que sont la lecture et l'écriture, ces deux étapes d'un rite où les mots « culte » et « culture » se confondent et justifient leur parenté phonétique.

A titre d'exemples, et en vue de dégager *la fonction de l'image* dans ce livre (et nous appellerons « image » tout mot qui est appliqué à un autre mot dont le sens propre est clair : par exemple **officiant** est image pour le **grand-père**, le mot **grand-père** étant employé au sens propre; en ce sens toute image est une métaphore); cependant on doit distinguer au minimum deux techniques de transfert du figuré au propre : la *substitution directe* où le mot figuré est appliqué au mot propre, au point de se substituer à lui : par exemple quand Sartre dit **je m'ébattais dans un minuscule sanctuaire** (p. 37), la *référence indirecte* qui est la métaphore proprement dite : **le professorat comme un sacerdoce** (p. 40); toutefois un peu de réflexion montrera que la différence entre substitution directe et transfert indirect n'est que relative, choix des moyens stylistiques, et que l'intention littéraire profonde est la même! arracher le **propre** pour le projeter en **figure**, et ainsi arracher la réalité à elle-même pour la faire langage; examinons le premier paragraphe et faisons la liste des images :

— en direct : ces **pierres levées, monuments trapus, objets culturels, ces boîtes;**

— avec indice métaphorique : **comme des briques, en allées de menhirs comme un soulier, comme des huîtres** (cette comparaison étant développée sur cinq lignes). Il est clair que tous ces mots s'organisent autour du thème **objet culturel;** cependant chaque image possède une valeur propre et renvoie à une autre ou à un autre groupe. Ainsi **pierre levée** transmet les deux idées de minéral et de verticalité, renforcées elles-mêmes par le transfert au menhir. L'image ainsi consolidée renvoie, en antithèse, à l'image qui doit annoncer une deuxième catégorie de livres : **Dans la chambre de ma grand-mère les livres étaient couchés.** Cette opposition marquée par la dualité du vertical et de l'horizontal, avec sa légère nuance ironique, est capitale, et sera reprise dans l'antithèse qui est à la fois propre et figurative, entre Wittgenstein et la *Série Noire;* ne trouvons-nous pas ici l'aveu de la préoccupation secrète de Sartre, double auteur d'une *Transcendance de l'Ego* et de *La Nausée,* de la *Critique de la Raison dialectique* et des *Séquestrés d'Altona?* Cette dualité du vertical et de l'horizontal constituerait alors le double axe des X et des Y par rapport auquel se situent les livres qui seraient, dans leur structure, des équations à deux inconnues. Mais Sartre ne dit pas ce que signifient ces deux mouvements figés dans leur verticalité et horizontalité : serait-ce la croix dressée des mots? ou l'équerre du maître arpenteur? ou l'intuition, non exploitée, d'une dualité linguistique fondamentale?

L'autre signification imagée est celle du minéral : pierre, solide, immuable, définitive, arrêtée à jamais dans l'en-soi des pages. Là encore l'image achève sa valeur littéraire par un appel antithétique : par la vertu d'une mutation inattendue et ironique, la pierre passe de l'état minéral à l'état animal; elle devient huître. Il est vrai que cette mutation est préparée par une première dégradation du menhir en objet culturel; ce qui conduit aux métaphores du soulier et de la boîte. Rêvons aussi sur ces images, mais méditons l'antithèse : voilà donc la pierre qui s'ouvre et révèle un contenu; l'imagerie se fait précise : on peut apercevoir des **organes intérieurs, des feuilles blêmes et moisies** qui boivent l'encre et sentent le champignon : on retrouve l'image propre à Sartre du visqueux agrémenté par la boursouflure des chairs, la moisissure des intimités organiques, et finalement une nouvelle mutation : après avoir été changée en huître, la pierre connaît un nouvel avatar; rétrocédée, végétale cette fois, elle sent; mais elle n'est pas le flacon baudelairien emprisonnant des parfums pour qui toute matière est poreuse, elle sent le champignon. Cette fois, laissons les psychanalystes achever une interprétation qu'ils auraient pu commencer en contemplant la pierre levée et le grand-père officiant, cependant que les deux femmes se voient réserver l'usage des livres couchés. Et bornons-nous à reconnaître la recherche de valences convergentes dans un jeu métaphorique beaucoup plus complexe et subtil qu'il ne semble au premier abord : la famille passant de l'état de nature à celui de culture, sublimant sa bi-sexualité, conférant au livre le pouvoir de devenir à la fois masculin et féminin, d'être la synthèse du vertical et de l'horizontal, du minéral et du végétal, du dur et du mou, du savoir et du rêve. Et il est sans doute possible d'étendre cette analyse locale à l'ensemble des *Mots :* les mots, debout et couchés, ouverts et fermés, durs et mous, pénétrants et pénétrés, etc. On ne peut pas ne pas penser ici à la joyeuse déclaration d'André Breton **les mots font l'amour.** Pour le surréalisme le moment suprême où les mots deviennent langage est acte d'amour; il y a double consécration : le poète chante l'amour et la femme. Pour l'existentialisme la littérature est une transposition du double acte d'amour qui est projeté dans un autre univers par quoi la vie se mue en culture, et la sexualité en lecture-écriture. La superposition des images masculines et féminines suggère l'image du livre androgyne comme rêve dernier de l'écrivain.

Et le moment est venu d'interroger le paragraphe 6, où le

jeune Sartre, livre sous le bras, et après avoir quitté sa mère sans lui dire merci, découvre la vraie fonction du livre, par opposition au conte maternel :

> Dans les contes d'Anne-Marie, les personnages vivaient au petit bonheur, comme elle faisait elle-même : ils acquièrent des destins.

Au paragraphe précédent, la révélation de la lecture commence par une expérience existentialiste typique, que Sartre reprendra constamment dans son œuvre : **Ma mère s'était absentée..., j'étais en exil** (p. 41). Puis, en un second moment, il s'aperçoit que la lecture est la parole de l'Autre; **... j'avais compris : c'était le livre qui parlait** (p. 41). Dans une troisième étape initiatique, avec l'entrée de l'auditeur dans l'histoire qui s'était endimanchée, l'acte littéraire opère sa conversion; **je me sentis un autre.** Tel est le pouvoir du livre : il vous exile de la vie quotidienne et de ses personnages habituels; le livre est un autre qui vous fait autre. Enfin le nouvel initié prend conscience de la différence entre le langage de sa mère et le langage du livre. Et il est ici permis de généraliser : la mère qui, comme toutes les mères, raconte des histoires à son enfant, refait le geste du conteur qui, dans les temps anciens et avant le livre, donne au langage sa première forme, celle du récit oral. Sartre alors marque profondément l'opposition entre le conteur et l'écrivain, entre le dire et l'écrire :

> Aux récits improvisés je vins à préférer les récits préfabriqués; je devins sensible à la succession rigoureuse des mots (p. 43).

L'idée est précisée à la phrase suivante : les personnages flottants et incertains des récits maternels acquièrent, par le livre, une substance et une histoire. Sartre emploie une expression du vocabulaire existentialiste quand il conclut; ces personnages **acquièrent des destins** (p. 43). L'image finale du paragraphe consacre le lien entre le livre et la métaphore générale des *Mots* : **J'étais à la Messe.** Et dans une belle formule l'écrivain livre le secret de toute littérature : **j'assistais à l'éternel retour des noms et des** événements. **Éternel retour**, tel est le mythe autour duquel s'organise le culte qui se pratique dans l'église du langage. La messe est la fixation des mots en destins d'êtres et d'événements, par l'effet du retour des personnages : le mythe de l'éternel retour est le rêve humain qui s'accomplit par le livre où les mots deviennent éternels par le fait de leur retour périodique. Faut-il pousser plus loin encore cette idée et dire que tout destin, pour les hommes, est l'effet du langage devenant littérature, de la parole faite écriture ? C'est écrit, c'était écrit, ce qui est écrit sera. Le livre domine le devenir, impose les périodicités. Ainsi le « sens du destin » et tous ses avenirs épiques, tragiques, comiques, romanesques, sont nés avec l'acte d'écrire; la réalisation du destin est rendue possible par la traversée de l'imaginaire : sans l'imaginaire des mots, l'homme ignorerait qu'il peut avoir un destin! On comprend alors l'importance de la découverte faite par l'enfant : en prenant conscience de la dualité du conte oral et du récit écrit, puis lu, le sens du destin pour l'homme lui est révélé, et aussi le sens ultime du mythe de l'éternel retour, incarné dans le rite, pétrifié à l'intérieur des colonnes du temple ou de l'église, image du livre-prison pour tout l'imaginaire du monde. Au passage, rappelons-nous le rêve proustien du livre-cathédrale et la fonction circulaire du livre se reployant sur lui-même. Peut-être prêtons-nous beaucoup à Sartre en tirant son allusion à l'éternel retour vers une universalisation de ce mythe et en lui attribuant un rôle unificateur dans l'exploitation de la métaphore de la messe et de l'église. Quoi qu'il en soit de ces développements possibles, le livre, tel qu'il nous est présenté dans ces pages des *Mots,* est l'unique chance pour que se réalise, par et pour l'homme, le contrôle du devenir et sa fixation. Le livre est donc la possibilité d'imposer au flot des phénomènes, des périodicités verbales, et plus encore, il est la possibilité du retour en arrière.

*Questions et essai :*

— Quelle est la fonction littéraire que Sartre accorde au conte de fées?

— Commenter cette remarque : **Je fus préparé de bonne heure à traiter le professorat comme un sacerdoce et la littérature comme une passion** (p. 40) en dégageant les parentés et les différences entre ces deux métiers, et en situant les deux fonctions de l'enseignement et de la littérature à l'intérieur de la vie culturelle (dans le sens que Sartre donne au mot **culture** dans son livre)?

— A partir des images dont Sartre se sert pour dévoiler le sens du livre, essayer de formuler la théorie de l'image qui est sous-jacente à la technique utilisée dans ces pages, et plus généralement dans *Les Mots.* Il serait intéressant de faire des comparaisons entre ces textes et le livre que Sartre a consacré à l'imagination et qu'il a intitulé *L'Imaginaire, psychologie phénoménologique de l'imagination* (1940).

# L'auteur

J'ai changé. Je raconterai plus tard quels acides ont rongé les transparences déformantes qui m'enveloppaient, quand et comment j'ai fait l'apprentissage de la violence, découvert ma laideur — qui fut pendant longtemps mon principe négatif, la chaux vive où l'enfant merveilleux s'est dissous — par quelle raison je fus amené à penser systématiquement contre moi-même au point de mesurer l'évidence d'une idée au déplaisir qu'elle me causait. L'illusion rétrospective est en miettes; martyre, salut, immortalité, tout se délabre, l'édifice tombe en ruine, j'ai pincé le Saint-Esprit dans les caves et je l'en ai expulsé; l'athéisme est une entreprise cruelle et de longue haleine : je crois l'avoir menée jusqu'au bout. Je vois

clair, je suis désabusé, je connais mes vraies tâches, je
mérite sûrement un prix de civisme; depuis à peu près dix ans
je suis un homme qui s'éveille, guéri d'une longue, amère
et douce folie et qui n'en revient pas et qui ne peut se
rappeler sans rire ses anciens errements et qui ne sait plus
que faire de sa vie. Je suis redevenu le voyageur sans billet
que j'étais à sept ans : le contrôleur est entré dans mon
compartiment, il me regarde, moins sévère qu'autrefois :
en fait il ne demande qu'à s'en aller, qu'à me laisser finir
le voyage en paix; que je lui donne une excuse valable,
n'importe laquelle, il s'en contentera. Malheureusement je
n'en trouve aucune et, d'ailleurs, je n'ai même pas l'envie d'en
chercher : nous resterons en tête à tête, dans le malaise,
jusqu'à Dijon où je sais fort bien que personne ne m'attend.
J'ai désinvesti mais je n'ai pas défroqué : j'écris toujours.
Que faire d'autre?

*Nulla dies sine linea.*

C'est mon habitude et puis c'est mon métier. Longtemps
j'ai pris ma plume pour une épée : à présent je connais
notre impuissance. N'importe : je fais, je ferai des livres;
il en faut; cela sert tout de même. La culture ne sauve rien
ni personne, elle ne justifie pas. Mais c'est un produit de
l'homme : il s'y projette, s'y reconnaît; seul, ce miroir critique lui offre son image. Du reste, ce vieux bâtiment ruineux,
mon imposture, c'est aussi mon caractère : on se défait d'une
névrose, on ne se guérit pas de soi. Usés, effacés, humiliés,
rencoignés, passés sous silence, tous les traits de l'enfant
sont restés chez le quinquagénaire. La plupart du temps ils
s'aplatissent dans l'ombre, ils guettent : au premier instant
d'inattention, ils relèvent la tête et pénètrent dans le plein
jour sous un déguisement : je prétends sincèrement n'écrire
que pour mon temps mais je m'agace de ma notoriété
présente : ce n'est pas la gloire puisque je vis et cela suffit
pourtant à démentir mes vieux rêves, serait-ce que je les
nourris encore secrètement? Pas tout à fait : je les ai, je crois,
adaptés : puisque j'ai perdu mes chances de mourir inconnu,
je me flatte quelquefois de vivre méconnu. Grisélidis pas
morte. Pardaillan m'habite encore. Et Strogoff. Je ne relève
que d'eux qui ne relèvent que de Dieu et je ne crois pas en
Dieu. Allez vous y reconnaître. Pour ma part, je ne m'y
reconnais pas et je me demande parfois si je ne joue pas à qui
perd gagne et ne m'applique à piétiner mes espoirs d'autrefois
pour que tout me soit rendu au centuple. En ce cas je serais

Philoctète : magnifique et puant, cet infirme a donné jusqu'à son arc sans condition : mais, souterrainement, on peut être sûr qu'il attend sa récompense.

Laissons cela. Mamie dirait :

« Glissez, mortels, n'appuyez pas. »

Ce que j'aime en ma folie, c'est qu'elle m'a protégé, du premier jour, contre les séductions de « l'élite » : jamais je ne me suis cru l'heureux propriétaire d'un « talent » : ma seule affaire était de me sauver — rien dans les mains, rien dans les poches — par le travail et la foi. Du coup ma pure option ne m'élevait au-dessus de personne : sans équipement, sans outillage je me suis mis tout entier à l'œuvre pour me sauver tout entier. Si je range l'impossible Salut au magasin des accessoires, que reste-t-il? Tout un homme, fait de tous les hommes et qui les vaut tous et que vaut n'importe qui.

(Pp. 211 à 214.)

*Les Mots* — nous en avons pris conscience peu à peu — nous font assister à un *huis clos* littéraire où quatre héros sont *interrogés;* ils ne se parlent pas et ne jouent pas au jeu du dialogue des morts; ils sont parlés; et ainsi dénoncés dans leur double irréalité d'êtres passés-dépassés et d'acteurs dans la comédie de la culture : ils ne sont que des personnages, et sont avoués tels par cet être réel qui écrit sur eux entre 1953 et 1962. Notons-le : ils n'avouent pas; nous ne sommes pas les témoins d'un procès kafkaïen ou moscovite. L'accusation est connue, et la culpabilité, ignorée : en somme c'est le paradis d'avant la Chute, et avec un Satan sardonique qui sait bien ce qui va se passer; des êtres innocents dans une candeur de personnages heureux d'être ce qu'ils sont, et qui ne connaissent pas les joies troubles et vertigineuses de l'autocritique. Innocents donc, et pourtant, par la vertu de la fatalité des mots, déclarés coupables; c'est le péché originel de la culture, l'acte par lequel l'homme devient homme en se condamnant à l'irréalité verbale, non pas personnage en quête d'un créateur ou d'un metteur en scène, mais acteur en mal d'un rôle. Et c'est alors que le diable se découvre; il a mené le jeu depuis la première page; il a fait parler les innocents qui ont avoué sans savoir qu'ils avouaient; car, nous le comprenons en parvenant jusqu'à ces dernières pages, ces quatre personnages, le grand-père (on pourrait dire le grand-prêtre), la vierge mère, l'enfant prédestiné, les livres debout ou couchés, tous sont déclarés **coupables d'innocence**. Il y a même un cinquième personnage en qui tous ces innocents se rassemblent, l'adulte qui a cherché à réaliser les rêves de l'enfant; lui aussi, l'auteur de *La Nausée*, de *L'Être et le Néant*, est coupable d'innocence culturelle. Nous voici donc en fin de course, en fin de comptabilité : tous les *comment* et les *pourquoi* possibles ont été posés et répondus; les *qui* ont été esquivés par les héros eux-mêmes; ils ont cru être *qui* ils croyaient qu'ils étaient, alors qu'ils se théâtralisaient pour jouer avec les livres les mystères de la lecture et de l'écriture. Qui ? L'auteur, bien sûr, ce diable paradoxal qui dénonce le péché originel et chasse les personnages culturels de leur paradis, celui qui mène l'interrogatoire, celui qui va transcender la culpabilité, l'auteur des *Mots* lui-même, le Sur-Moi récupéré : car s'il est vrai que l'enfant est né à la culture sans Sur-Moi, s'il est vrai encore que le personnage réel qui est devenu Jean-Paul Sartre a pu vivre sans Sur-Moi, c'est parce que l'univers culturel, en l'arrachant à l'univers de la famille, et en le privant ainsi de cet organe indispensable qu'est un Sur-Moi pour tout animal et sa vie de relation, lui a greffé un Sur-Moi artificiel par lequel il se fait le maître des mots, et par lequel encore il est le vrai, l'unique *guide* de l'écriture et même, si vous y réfléchissez bien, de la lecture. De telle sorte que l'univers culturel, avec sa composition d'auteurs et de lecteurs, est un ballet tragi-comique de Sur-Mois.

Ces remarques préliminaires étaient nécessaires pour reconnaître la désignation du pronom de première personne dans la phrase **J'ai changé**, phrase qui répond à cette autre dont nous avons exploré le sens : **Je devins traître et je le suis resté**. C'est l'*exit* des personnages; le rideau tombe; mais devant le rideau, dans une ultime torsion réflexive, l'auteur vient saluer, avouer. Un dernier effort pour terminer le livre, justifier un point final, ce dernier nœud qui va maintenir serrés ensemble tous ces mots et ces quelque deux cents pages, et un dernier effort d'interrogatoire ; une sur-distance est prise (on notera l'indication de la page 212 : **depuis à peu près dix ans,** qui permet de dire que ces pages de conclusion ont été écrites vers 1962, ou en tout cas, que l'auteur le veut ainsi pour l'achèvement de son livre) et le vrai renversement dialectique, qui résulte de l'intervention directe de l'auteur dans cette apothéose d'une théo-anthropo-culturo-pro domo-justification. Ce sacrifice, cette table d'offrande sur laquelle il empile tous ses crimes est le lieu d'un renversement dramatique : contrairement à l'Adam chassé du paradis terrestre, ce nouvel Adam, survolté par son Sur-Moi culturel, quitte joyeusement le paradis de ses fautes pour s'engager sérieusement dans l'enfer de son innocence.

Tels sont le sens et la valeur du **J'ai changé** qui inaugure l'intervention de l'auteur, un *deus ex verbis*.

La construction est rigoureuse et savante. Deux paragraphes d'égale longueur qui débouchent sur un dernier paragraphe beaucoup plus court ; toutefois, entre le premier et le deuxième, entre le deuxième et le troisième, deux tentatives pour arrêter le livre. On imagine, non sans plaisir, *Les Mots* suspendant leur mouvement sur le **Nulla dies sine linea,** qui est l'aveu du travail quotidien de l'écrivain : oui, mon cher lecteur, il en est de l'auteur comme du pianiste ou de la danseuse : pas un jour sans exercice au piano, à la barre fixe, à la page blanche..., ou encore s'arrêtant sur une pointe, et l'évocation du personnage le plus secret du livre, Mamie, déesse ironique et lointaine, source de cette circulation d'ironie qui sauve le livre du sérieux pesant des autocritiques : **Glissez, mortels, n'appuyez pas.** On aimera aussi savourer les résonances d'une telle conclusion. Tout se passe comme si l'auteur, aux prises avec lui-même cette fois, se trouvait porté d'une première conclusion : ami lecteur, je suis tous les jours assis à ma table d'écrivain, à une deuxième conclusion : de nouveau, cher lecteur, c'est moi qui reviens vous dire : ne prenez pas toutes ces déclarations trop au sérieux ;

l'art de l'écrivain est tout en léger de main, en insistances sans lourdeur; et pour me faire comprendre, je me sers d'une double métaphore : celle du gosse qui a rêvé de glissades en regardant les autres jouer et en enviant leurs merveilleux dérapages : **glissez**, après avoir vaincu l'inertie des mots; et l'autre image est celle du dessinateur : n'écrasez pas le fusain sur la feuille blanche, ou mieux encore celle de l'enfant qui tire la langue, tient maladroitement son porte-plume et déchire le papier en faisant ses premières barres; **n'appuyez pas...** Mais non, cette ironie nostalgique n'est pas propre à une conclusion où doit entrer un peu de dignité et d'invitation à l'universel. C'est d'ailleurs ainsi que se terminent tous les bons devoirs des bons écoliers. Si bien que ce troisième paragraphe est en fait la réponse à deux premiers essais de brièveté et de raccourci. L'auteur sort de sa peau d'*artisan;* mais ce sérieux est toujours surmonté par l'ironie de l'*artiste.* Cependant l'ironie ne serait qu'une pirouette finale, et Sartre n'est pas Paul Valéry qui identifie métaphore et pirouette chorégraphique. On passe alors à la gravité par une double opération culturelle dans un salut final devant le rideau, et on est tenté de penser que Sartre joue sur le mot quand il déclare :

> **Si je range l'impossible Salut au magasin des accessoires...**

et qu'il donne un coup de chapeau d'adieu au lecteur en lui disant : après tout, et en fin de comptabilité, après toutes ses additions qui sont autant de soustractions, lecteur mon copain, je suis un homme comme les autres, ni meilleur ni pire, et qui fatalement parle pour les autres, avec tous les autres, comme tu pourrais le faire!

L'analyse détaillée de ce passage confirme cette impression de final, où l'auteur rassemble les trois conduites et les trois morales de l'artisan, de l'artiste et de l'homme universel, « n'importe qui ».

Le premier paragraphe est une autocritique d'auteur et contient des indications biographiques. Nous avons déjà noté que ce texte se laisse dater aisément : il est de 1962, du moment où Sartre décide de publier le livre et jette sur lui un dernier regard. Il commence par reconnaître les limites de cette confession arrêtée au seuil de l'adolescence :

> je raconterai plus tard... quand et comment j'ai fait l'apprentissage de la violence, découvert ma laideur.

L'auteur annonce « la suite au prochain numéro », comme dans les romans à épisodes de son enfance, et fait venir l'eau à la bouche de son lecteur : la laideur est ici reconnue comme « principe négatif »; la métaphore chimique a suggéré l'image de l'acide, puis celle de la chaux vive, et elle s'achève dans une sorte de nouveau principe cartésien de l'évidence : pour l'auteur, et pendant sa grande période de production littéraire, le critère de la clarté et de la distinction des idées a été le « déplaisir » qu'elles lui causaient; en luttant contre lui-même il croyait assurer la valeur de l'œuvre. Il faut alors le constater : l'œuvre bâtie sur ce principe **tombe en ruine** (p. 212). Cependant le passage est délicat à interpréter. Sartre passe sans transition apparente de l'aveu de ce **principe négatif** à la dénonciation de l'illusion rétrospective; et on comprend immédiatement qu'il s'agit de cette idéologie de la culture bourgeoise pour qui l'écrivain est un martyr qui, en s'immolant pour le salut des hommes, est destiné à survivre dans leur mémoire (immortalité = postérité). C'est la leçon des *Mots* : la théorie de la littérature engagée et de l'existentialisme sous sa première forme, celle des années 40, n'était qu'un moyen de récupérer cette idéologie par des voies indirectes. Et c'est de ce point de vue qu'il faut, je crois, comprendre l'allusion qui suit, sur l'expérience de l'athéisme, comme **entreprise cruelle et de longue haleine**. Sartre reconnaît donc une valeur définitive à ses premiers travaux, qui se présentent ainsi comme une étape nécessaire : le martyre de l'athéisme conduit l'auteur à démolir ses propres constructions et à se hausser au niveau d'une nouvelle évidence, celle de la conscience désabusée; c'est aussi la lucidité et légèreté d'un corps convalescent : l'auteur s'éveille, **guéri d'une longue, amère et douce folie** (p. 212); et il ne sait plus que faire : il a perdu les structures et les valeurs qui soutenaient ses tâches. Et revient alors le cauchemar du voyageur sans billet. L'auteur n'est plus en quête d'une personnalité; ce n'est pas son identité qu'il met en question mais sa fonction, son droit à une place dans le train des hommes, est-ce dans le Train Bleu de la révolution humaine? La question la plus importante est certainement celle-ci : le mot **folie**, qui deviendra au paragraphe suivant une **névrose**, doit-il être pris au sens propre ou au figuré? Est-ce un effet littéraire ou le signe d'une maladie réelle? L'effet littéraire semble évident, puisque Sartre est resté normal, au sens psychosocial du mot, depuis hier jusqu'à aujourd'hui. Alors les mots **folie** et **névrose** doivent être pris comme métaphores, comme « translations », pour parler la langue des anciens traités de rhétorique. La crise que Sartre a vécue, celle que vit l'écrivain, est l'analogue d'une perturbation pathologique. D'ailleurs la folie implique une théorie du normal et de la santé. Quelle est la santé culturelle? Sartre ne le dit pas. On pourrait supposer que toute culture est par essence névrotique. Mais cette affirmation demanderait de longues preuves. Cependant on hésitera à rejeter ces deux mots au **magasin des accessoires,** comme Sartre dit lui-même (p. 214). Il faut d'abord admettre la sincérité de l'auteur quand il déclare avoir vécu cette expérience littéraire comme celle d'un retour à la santé morale, et avoir alors senti son passé comme le produit d'une névrose. Ainsi la métaphore reste métaphore, mais métaphore justifiée. Et l'on ne peut que souhaiter les prolongements théoriques de l'induction métaphorique : s'il y a maladie, est-elle occasionnelle? est-elle l'effet, par exemple, d'un virus bourgeois? ou faut-il aller plus profond? dépasser Lombroso ou Freud, et poser ces questions : l'écrivain, comme auteur, est-il un névrosé accidentel ou chronique? Et, plus généralement, y a-t-il des maladies de l'auteur, comme il y a des maladies du langage? Ou encore est-ce une maladie historique, celle de l'écrivain du XXe siècle, celle à laquelle doit aboutir la névrose bourgeoise?

Sartre donc prend une décision de morale provisoire; le **j'écris toujours** doit se comprendre : je continue à écrire et je continuerai jusqu'à mon dernier souffle. La double métaphore **j'ai désinvesti mais je n'ai pas défroqué** appartient à une double image : d'abord celle du passé où Sartre a fait de la littérature un « engagement » et où l'auteur se prenait pour un général à la tête de l'armée des mots; puis celle de l'Église qui remplace l'armée comme lieu de rassemblement verbal. Enfin la question **que faire d'autre?** correspond à l'état désabusé du malade; c'est aussi la reconnaissance d'une prédestination par-delà la filiation et la genèse culturelles que décrivent *Les Mots,* le signe très clair d'une prédestination d'ordre biologique, d'une nécessité qui, en deçà des cultures, conditionne irrémédiablement et à jamais l'écrivain. L'adage latin, *nulla dies sine linea,* est dit avec un petit sourire résigné. L'auteur en faisant une citation latine souligne son sérieux de professionnel.

Le deuxième paragraphe se greffe sur cette décision provisoire et définitive de continuer à écrire tous les jours. La réflexion sur l'imposture de la littérature engagée se poursuit. La condamnation se nuance. La plume n'est pas une épée et il faut en finir avec l'utopie d'un monde où le verbe aurait remplacé la balle. Mais une des grandes idées de *Qu'est-ce que la littérature?* est maintenue : la culture est un « produit » de l'homme; brièvement, mais de façon décisive, Sartre justifie la fonction d'un tel produit : **seul, ce miroir critique lui offre son image.** Rappelons ici ce texte de 1947 :

> **La littérature concrète sera la synthèse de la Négativité, comme pouvoir d'arrachement au donné, et du Projet comme esquisse d'un ordre futur; elle sera la Fête, le miroir de flamme qui brûle tout ce qui s'y reflète, et la générosité, c'est-à-dire la libre invention, le don.**

Certes le miroir a perdu de sa limpidité, et l'on sait qu'il n'a pas la force à lui seul de faire brûler les flottes bourgeoises. Mais il ne cessera pas d'être le reflet des hommes, cette image où ils seront contraints de se regarder. La continuité est encore celle du « caractère » : **On se défait d'une névrose, on ne se guérit pas de soi.** La névrose littéraire qui s'est emparée de Sartre est maladie passa-

gère, guérissable ; le caractère est un état chronique. Le
vieil homme ne peut se dépouiller de l'enfant. Sartre
répond au **que faire d'autre** ? et semble refuser de lui
donner l'interprétation biologique dont nous avons parlé.
Pour lui le caractère n'est pas un produit de l'hérédité,
mais, et en cela Sartre s'accorde avec Freud, un produit de
la formation d'enfance. C'est pourquoi les modèles
enfantins, ce que l'auteur appelle dans ce texte **mes
vieux rêves**, subsistent, Grisélidis, Pardaillan, Michel
Strogoff, héros de pacotille et d'une littérature qu'on peut
mépriser, mais héros et substituts de Dieu. Et l'auteur
de conclure par une formule du langage familier :
**Allez vous y reconnaître**. Il passe alors à un aveu singulier :
moi je ne m'y reconnais pas. Et il a soudain peur d'être
dupe. Ne serais-je pas en train de me duper une
deuxième fois, cette fois en jouant au vaincu, après
avoir joué au vainqueur ? Ne jouerais-je pas à être Philoctète ? D'autres images pourraient venir à l'esprit, celles
de Job ou de saint Sébastien. Mais ces sublimes vaincus
sont des vaincus sans révolte. Sartre préfère le héros grec.
Évoquons pour un instant la légende du roi Philoctète et
la belle tragédie de Sophocle : ce roi, héritier de l'arc
et des flèches d'Héraclès, est un des prétendants d'Hélène.
Il participe à la guerre de Troie. Mordu par un serpent
à Lemnos il répand une odeur épouvantable, insupportable
pour ses compagnons. Sur les conseils d'Ulysse, il est
abandonné à Lemnos où il traîne une vie misérable, cependant que l'armée grecque attaque Troie, mais en vain.
L'oracle explique cet échec : la guerre de Troie ne pourra
être gagnée, Troie ne peut être prise qu'avec l'arc que
possède Philoctète. De nouveau Ulysse intervient pour
imaginer une ruse qui amènera l'infirme puant, comme dit
Sartre, à se déposséder de son seul bien. La ruse échoue :
Néoptolème, choisi pour exécuter le plan d'Ulysse, et sur
le point de réussir, refuse de se prêter à cette duperie.
Mais finalement Héraclès en personne ordonne à son vieux
fidèle de se rendre à Troie ; et c'est ainsi que la ville fut
prise. La légende dit encore que Philoctète tua Pâris.
La présence de Philoctète à l'avant-dernière page des

*Mots* ne manque pas d'alerter le lecteur qui ira jusqu'à imaginer Sartre écrivant un *Philoctète,* pour répondre, vingt ans après, à l'Oreste des *Mouches.* L'espace séparant le jeune révolutionnaire qui tue le roi d'Argos et commet un matricide exemplaire, du vieux guerrier blessé et nauséabond qui repart avec son arme vers Troie pour tuer celui qui a volé Hélène, est l'intervalle qui sépare la théorie de l'engagement littéraire de la crise qui bouleverse la conscience sartrienne, pendant dix ans aussi, comme Philoctète à Lemnos... On peut rêver encore, faire d'Ulysse le ministre des Affaires culturelles et de la propagande, de Pâris, l'écrivain-maquereau qui exploite la beauté, et de Néoptolème, le jeune écrivain qui reste fidèle à l'écrivain vieilli. Allégorie facile ? Et c'est peut-être la raison pourquoi Sartre n'a pas écrit ce drame, qui aurait donné une suite aux *Mouches.* Mais on devine la tentation : à défaut d'avoir été un Oreste, on se réveille Philoctète à Paris-Lemnos, et on repart, et on remporte la victoire des vaincus... Alors Mamie, côté jardin, le temps d'une apparition, glisse sa répartie, et Philoctète reste accroché dans la loge de l'auteur. Cet ultime pouvoir de Mamie, qui semble soudain, avec sa petite phrase, plus forte que le grand-père tonitruant mérite son interprétation. Serait-elle la vraie déesse des *Mots,* maîtresse de l'ironie ? Sartre nous la montre dès le début, discrète et distante, jamais dupe de la comédie qui se joue au 1, rue Le-Goff, ou plutôt, d'un petit coup de langue, transformant le drame héroï-comique qui y est perpétré en une bouffonnerie ; et ses pointes dégonflent l'enfant qui se gonfle en prédestiné culturel. Finalement Sartre ne se laisse pas séduire par Philoctète de Lemnos. Il aurait pu mettre son point terminal après la réplique en aparté de Mamie, ce qui aurait été un joli avertissement à tous les nouveaux usagers des mots. Trop joli, sans doute. Et surtout la grand-mère avec toute son acidité, n'a pas réussi à dissoudre l'image du grand-père : le « jeu » de l'ironie n'a pas écarté le « jeu » du sérieux. Et c'est le sens de ce dernier paragraphe qui constitue à lui seul un gros point final. Encore une justification de sa « folie » d'auteur : elle l'a

protégé contre l'idéologie littéraire bourgeoise, contre les
théories de l'élite et du talent, à quoi Sartre oppose
**le travail et la foi.** Malgré la rupture entre 1943 et 1953,
l'auteur reste loyal envers lui-même, envers son *intention*
initiale : son mythe du salut était illusoire, non sa bonne
volonté et sa continuité. Ce disant Sartre maintient le
dogme de la dualité entre nature biologique et culture
humaine, le principe de son humanisme. Nous avons pu
croire que l'auteur allait s'incliner devant une prédestination biologique. Mais Philoctète blessé et abandonné est
toujours l'Oreste qui dit à Jupiter :

> la liberté a fondu sur moi et m'a transi, la nature a sauté
> en arrière, ..., et je me suis senti tout seul
>
> (acte III, scène 2).

Est-ce la leçon finale du livre, de ce retour aux sources
et de cette démystification de l'enfance? La liberté est le
seul possible humain. Et parmi les libertés possibles, il y
a celle de l'écrivain. Si limitée soit-elle, si faible son
rayonnement soit-il, elle est liberté, elle le sera toujours
dans cet univers de culture, qui, par ce principe même de
liberté, ne peut être qu'une société sans classes, où tout
homme est l'égal des autres. Voici donc le mot de la fin :
l'artisan-artiste des mots est « n'importe qui », mais
dressé comme impératif catégorique de liberté.

---

*Questions et essai :*
— Les différents sens de la première personne pronominale
dans la conclusion des *Mots*. Quel est l'effet littéraire
obtenu par l'équivoque du mot « Je » qui désigne au
minimum cinq personnages en état d'interférence : l'auteur
de 1962, l'auteur de 1952-1953, l'homme Sartre, l'adulte,
l'enfant (comme fils, petit-fils et génie en herbe)?
— L'opposition de la nature et de la culture, telle qu'elle
se dégage des dernières pages. Cette réflexion devrait
conduire à une analyse des relations entre l'existentialisme et le marxisme (on consultera *Questions de méthode*,
in *Critique de la Raison dialectique*, ainsi que *L'Existentialisme
est un Humanisme*, et *Situations, VI* et *VII*).

— La crise intellectuelle et morale, qui est décrite dans *Les Mots,* est-elle un rejet radical de la théorie de la littérature engagée, telle que cette théorie est définie dès le numéro 1 des *Temps Modernes* et dans *Situation II?*

— Analyser simultanément les procédés d'ironie et de translation métaphorique, et dégager leur raison d'être.

— Sartre discute-t-il en même temps le problème de l'efficacité de l'écriture et celui de la sincérité de l'écrivain? *Les Mots* constituent-ils une entreprise de démystification culturelle? Il serait intéressant de comparer le texte de Sartre et le *Discours de Stockholm* d'Albert Camus, écrit pendant la même période et après des années de crise parallèle, ou même avec *Les Faux-Monnayeurs* ou *Si le grain ne meurt* d'André Gide (on sait que l'écrivain peut être un fabricant et distributeur de fausse monnaie).

Je me permets d'attirer l'attention du lecteur des *Mots* sur d'autres passages qui mériteraient aussi une exploration critique :

pp. 106 à 108 : tout le paragraphe consacré au cinéma;

pp. 121-122 : depuis **A peine eus-je commencé d'écrire...** jusqu'à **comme on va voir.** Il s'agit des débuts de l'écrivain et d'une critique indirecte du surréalisme;

pp. 150 à 155 : depuis **Ce fut encore Charles qui me tira de peine,** jusqu'à **ils survivraient à l'homme** : contre l'idéalisme de la culture;

p. 193 : sur la naissance de la **névrose caractérielle** qui doit aboutir aux *Mots;*

pp. 208 à 211 : depuis **Voilà mon commencement,** jusqu'à **j'étais heureux.** C'est la première partie de la conclusion et le développement du thème : culture = cléricature.

# Glossaire

Le vocabulaire des *Mots* est double; il est fait d'un entrelacement de langage philosophique et de références métaphoriques au vocabulaire concret le plus usuel. En dehors de quelques termes techniques de la philosophie moderne ou de l'existentialisme, le lecteur ne sera pas arrêté par des mots rares. Les seules réelles difficultés d'interprétation à ce niveau résident dans les allusions à la vie culturelle, contemporaine des *Mots*.

P. 12

**Hans Sachs** : poète, chanteur, musicien allemand (1494-1576). Wagner en fait le héros de ses *Maîtres Chanteurs de Nuremberg*. *Deutsches Lesebuch : Livre de lecture d'allemand*, c'est le titre du manuel Schweitzer, bien connu des écoliers français de cette époque.

P. 13

**Adolphe Belot** : écrivain français (1829-1890), célèbre par la comédie *Sapho*, écrite en collaboration avec Alphonse Daudet.

P. 14

**Polytechnique** : célèbre école parisienne pour la formation des ingénieurs et des officiers; fondée en 1794 par Monge et Carnot.

P. 16

**les zouaves** : corps d'infanterie de l'armée d'Afrique créé en 1831; les **zouaves** se sont illustrés pendant la guerre de Crimée (zouave de l'Alma) et les deux guerres mondiales.

**Navale** : école de formation des officiers de la marine de guerre, créée en 1830.

P. 17

**Ariane** : fille de Minos, sœur de Phèdre, enlevée puis abandonnée par Thésée sur l'île de Naxos. Elle donne à Thésée un fil pour se retrouver dans le Labyrinthe, après qu'il aura tué le Minotaure.

P. 19

**Énée, Anchise** : Énée, héros de *L'Énéide* de Virgile; il sauve son père, Anchise de l'incendie de Troie, en l'emportant sur ses épaules.

**Sur-Moi** : expression psychanalytique; désigne l'ensemble des principes moraux; est identifié au père comme juge.

P. 20

**Le Dantec** : célèbre biologiste français (1869-1917); auteur de nombreux ouvrages d'inspiration scientiste et matérialiste.

*Vers le positivisme par l'idéalisme absolu* de **Weber** : livre paru en 1903, lu et admiré par plusieurs générations de philosophes.

**Masque de fer**, ou **Chevalier d'Éon** : le premier désigne un personnage mystérieux enfermé au château d'If en 1679, et contraint de porter un masque de fer : héros de nombreux romans d'aventures historiques. **Éon**, agent secret français (1728-1810); a porté souvent le costume féminin.

**P. 21**

**tub** : large cuvette de zinc; remplaçant économique de la baignoire.

**P. 22**

**communiqué de la Marne** : célèbre bulletin militaire par lequel le généralissime français Joffre annonce la victoire de la Marne en septembre 1914.

**P. 23**

**panama** : chapeau de paille.

**piqué** : étoffe de coton, qui forme des côtes ou des dessins.

**P. 24**

**funiculaire** : chemin de fer qui est mû par un câble, ou tout moyen de transport aérien par câble.

**groupe de Saxe** : la porcelaine de Saxe, à pâte dure, a produit, depuis le début du XVIII<sup>e</sup> siècle, toutes sortes de bibelots.

**P. 25**

**un « œdipe »** : allusion au complexe d'Œdipe (attraction de la mère, répulsion du père).

**toccata** : forme musicale d'origine mal connue.

**P. 26**

**fourmis** : allusion à l'expression **avoir des fourmis**; éprouver des picotements, surtout dans les bras ou les jambes.

**P. 27**

**Henri Bergson** : philosophe français (1859-1941); le bergsonisme est célèbre surtout au début du XX<sup>e</sup> siècle.

**miteuse** : mot familier, synonyme de pauvre, misérable.

**P. 28**

**emmerder** : mot vulgaire; ici, signifie : tracasser, importuner.

**môme** : mot populaire pour **enfant**.

**P. 29**

**les cubes** : jeu de construction en bois ou, aujourd'hui, en plastique.

**P. 31**

**des moutons à cinq pattes, des sœurs siamoises** : c'est-à-dire, des phénomènes rares dans la nature, et même remarquables.

P. 32

**Pasquin** : valet de la comédie italienne, effronté et bavard.

**l'Esprit qui toujours nie** : allusion à un célèbre texte, souvent cité, du *Faust* de Goethe.

**je lui *répondais*** : expression familière du vocabulaire enfantin.
**Répondre** : répliquer avec insolence.

**Roméo et Juliette, Philémon et Baucis** : couples exemplaires d'amoureux et clichés littéraires.

P. 33

**peccamineuse** : qui est de la nature du péché (selon le Grand Robert, seul à le citer, ce mot date de 1884).

**Hansi** : écrivain et caricaturiste français (1873-1951); célèbre par ses satires de l'occupation allemande en Alsace après la guerre de 1970.

**Gunsbach, Pfaffenhofen** : villages alsaciens.

P. 35

**« en catimini »** : en se cachant, en douceur.

**« la Dulcinée de Charles »** : en langage familier, une **dulcinée** désigne une femme pour laquelle un homme éprouve une tendre admiration. Lointaine référence à la Dulcinée de Don Quichotte.

**la tisane de champagne** : expression ironique pour désigner un champagne très médiocre.

**les Boches** : mot populaire et péjoratif pour désigner les Allemands, surtout en usage pendant la Première Guerre.

**Charlotte... Werther** : allusion aux deux héros du roman de Goethe, *Les Souffrances du jeune Werther* (1774).

P. 36

**l'Art de la Fugue** : allusion ironique à l'œuvre de Bach et à la fugue comme composition musicale.

P. 40

**Maurice Bouchor** : poète français (1855-1929).

P. 42

**Babette** : héroïne de conte de fées.

P. 43

**chef de rayon** : homme ou femme chargé de la direction d'une partie d'un magasin (par exemple, le *rayon* des jouets).

*Les Tribulations d'un Chinois en Chine* : roman de Jules Verne, paru en 1879.

**catéchumène** : païen admis à recevoir l'enseignement chrétien.

**lit-cage** : lit métallique pliant; peut être replié dans la journée pour gagner de la place; d'où l'expression de Sartre : *perché sur...*
*Sans famille* : célèbre roman d'Hector Malo, publié en 1878.

**P. 44**

**La Pérouse** : marin français (1741-1788), a dirigé plusieurs explorations dans le Pacifique.

**Magellan** : navigateur portugais (1480-1521), c'est grâce à lui qu'eut lieu le premier voyage de circumnavigation autour de la terre (il fut tué aux Philippines, au cours de ce voyage).

**Vasco de Gama** : navigateur portugais (1469-1524); double le cap de Bonne-Espérance en 1497.

**P. 45**

« *Heautontimoroumenos* », **Térence** : cette pièce de Térence, écrite en 162 av. J.-C., imitée de Ménandre, a été souvent traduite. Le mot grec signifie « *l'homme qui se punit lui-même* ».

« **idiosyncrasie** » : mot savant, du vocabulaire de la physiologie; il désigne une disposition propre à chaque individu.

**apocope** : chute de phonèmes à la fin d'un mot (par exemple, *métro,* pour *métropolitain*).

**chiasme** : en stylistique, une double antithèse.

**parangon** : modèle; on dit *parangon de beauté.*

**Cafres** : nom donné par les Arabes aux habitants des régions situées au sud de l'équateur.

*Les Contes choisis* de **Maupassant** : Sartre fait allusion à une sélection scolaire.

**Grand Larousse** : le dictionnaire français le plus célèbre.

**jardin d'acclimatation** : jardin zoologique, dans le Bois de Boulogne, à l'ouest, en bordure de Paris.

**P. 46**

**jardin du Luxembourg** : grand jardin, en face du Panthéon, très fréquenté par les étudiants du Quartier latin et par les enfants.

**sagesse des Nations** : expression consacrée pour désigner une sagesse populaire exprimée en proverbes.

**P. 47**

**Brutus** : il s'agit de Lucius Junius Brutus, l'un des deux premiers consuls de Rome, qui fit exécuter ses deux fils coupables d'un complot pour restaurer la dynastie des Tarquin.

*Mateo Falcone* : nouvelle de Prosper Mérimée, publiée en 1829 : un Corse exécute son fils qui a forfait à l'honneur.

**P. 48**

**Horace, Camille** : allusion à la pièce de Corneille, *Horace.*

P. 49

*Madame Bovary*, **Rodolphe**, **Charles Bovary** : personnages fameux du roman de Flaubert, *Madame Bovary* (1857).

P. 51

« à cheval sur mon bidet... » : rengaine que l'adulte chante tout en faisant sauter l'enfant sur ses genoux.

P. 53

**cella, pronaos** : *cella* désigne, dans l'Antiquité, le lieu du Temple où est placée la statue du Dieu, un compartiment dans les thermes romains; *pronaos*, la partie antérieure du temple.

P. 54

**altimètre, ludion** : à bord d'un avion, *l'altimètre* est l'appareil qui mesure l'altitude; *le ludion* permet d'étudier le comportement d'un corps plongé dans l'eau.

P. 56

**Daniel de Fontanin** : l'un des jeunes héros du grand roman de Roger Martin du Gard, *Les Thibault*.

*Les Nourritures terrestres :* l'un des premiers livres de Gide, paru en 1897, exerce une grande influence sur la jeunesse.

P. 58

**Gottfried Keller (1819-1890)** : écrivain suisse d'expression allemande. Son œuvre la plus célèbre est son autobiographie, *Henri le Vert*, parue en 1854-1855.

*Lectures* par Mironneau : titre de *Morceaux choisis*, en usage dans les lycées et collèges de France.

**Mérimée, Colomba** : Prosper Mérimée (1803-1870), *Mateo Falcone, Colomba* (1840) et *Carmen* (1845), sont mis dans les bibliothèques de jeunes.

P. 60

*Théodore cherche les allumettes :* œuvre de Courteline.

**La Badens** : d'abord un personnage du vaudeville de Labiche, *L'Affaire de la rue de Lourcine* (1857) et devenu nom commun pour désigner un ancien camarade de pension ou de lycée.

P. 61

**La Salamandre, mica** : Salamandre, marque de poêle à charbon, à feu continu, avant le chauffage central : sur le devant, la porte en fonte avait des fenêtres en **mica**.

P. 62

**eau rougie** : le vin coupé d'eau qui était souvent donné aux enfants, dans les familles françaises.

**P. 63**

**Rodogune, Théodore, Agésilas...** : personnages de pièces peu connues de Corneille, dans la dernière période.

**P. 64**

**boulevard Saint-Michel, rue Soufflot** : rues du Quartier latin, bien connues des étudiants.

*Cri-Cri, L'Épatant, Les Vacances* : titres des journaux hebdomadaires pour enfants, dans la jeunesse de Sartre.

**Jean de la Hire** : auteur prolifique de romans d'amour et d'aventures, tels que *Les Amours de la Reine* (1907), *L'avion d'amour* (1917) *Les trois boys scouts* sont de 1913 ;

*Le Tour du monde en aéroplane* d'Arnould Galopin : A. Galopin (1865-1934), écrivain et navigateur, a réussi dans le roman scientifique et le roman d'aventures.

*Les Enfants du Capitaine Grant* : roman de Jules Verne, paru en 1867-1868, première partie d'une trilogie, suivie de *Vingt mille lieues sous les mers* (1870) et *l'Ile mystérieuse* (1874).

*Le Dernier des Mohicans* : roman de Fenimore Cooper, 1826 ; en traduction, l'un des romans de jeunes les plus lus en France.

*Nicolas Nickleby* : roman de Charles Dickens, paru en 1839 ; est aussi un classique des bibliothèques de jeunes.

*Les Cinq Sous de Lavarède* : œuvre célèbre de Paul d'Ivoi, parue en 1894 ; auteur de nombreux romans d'histoire et de voyages.

**la collection Hetzel** : Hetzel (1814-1886), écrivain et éditeur, publia Jules Verne et Victor Hugo.

**P. 65**

**Aouda, Philéas Fogg** : héroïne et héros du roman de Jules Verne, *Le Tour du monde en 80 jours* (1873).

**faux frais** : expression courante dans les familles françaises pour désigner des dépenses supplémentaires et imprévisibles.

**Gustave Doré** : dessinateur et peintre français (1833-1883).

**P. 67**

**Eliacin** : personnage de l'*Athalie* de Racine : le grand prêtre Joad cache sous ce nom, dans le Temple, l'héritier de David.

**Série Noire** : titre d'une collection, aujourd'hui populaire, de romans policiers noirs, de romans d'espionnage, etc.

**Wittgenstein** : philosophe autrichien (1889-1951), auteur du célèbre **Tractatus logico-philosophicus** (1921).

**Lycée Montaigne** : lycée du Quartier latin, derrière le Luxembourg.

**huitième, dixième préparatoire** : noms de classes au niveau primaire, qui vont de la onzième à la septième.

P. 68

**Vincent Auriol** : président de la IVᵉ République, élu en 1947.

**frère-Trois-Points** : Franc-Maçon (populaire et péjoratif).

P. 69

**barres** : l'un des jeux collectifs les plus populaires, dans les cours des écoles françaises, à l'époque du jeune Sartre.

**« con »** : désigne un personnage estimé imbécile, stupide (vulgaire).

P. 70

**vieux sagouin** : homme malpropre (populaire et péjoratif).

P. 71

**col de celluloïd** : col raide, empesé; précède l'époque des « chemises à col tenant ».

**nœud papillon** : nœud de cravate, en forme de papillon; est démodé dans la jeunesse de Sartre.

**bons points** : petits carrés de papier, de diverses couleurs, portant souvent un chiffre, et donnés aux élèves pour les récompenser.

P. 75

**droite, gauche** : dualité traditionnelle et profonde de la conscience politique française.

P. 77

**enfant délicat** : un enfant de santé fragile et souvent malade.

P. 78

**toupet** : touffe de cheveux au sommet du front, objet de soins particuliers (ondulations) de la part du coiffeur.

P. 79

**bec Auer** : instrument d'éclairage au gaz; le plus souvent la lampe à gaz avait un *manchon Auer*.

P. 80

**Atlas** : géant qui participa à la guerre des Titans contre les Dieux; condamné à soutenir le ciel sur ses épaules.

P. 82

**Gabriel Dupont** : compositeur français (1878-1914).

*Le Roi des aulnes* : ballade de Goethe (1812), *Erlkönig*, mise en musique par Schubert.

P. 83

*L'Ivrogne et sa femme* : fable de La Fontaine.

*La Vénus d'Ille* : un autre conte de Mérimée (1837).

**la Camarde** : image familière de la Mort, en squelette, sans nez.

P. 85

**le ministère Combes** : de mai 1902 à janvier 1905, Combes est chef du gouvernement français, anticlérical militant.

**P. 86**

**des « bondieuseries » de Saint-Sulpice** : quartier de Paris, autour de l'église Saint-Sulpice, où se trouvent de nombreuses boutiques d'art religieux considéré comme de mauvais goût.

**la *Marche nuptiale de Lohengrin*** : référence au célèbre opéra de Wagner (1850).

**Bernadette** : Bernadette Soubirous (1844-1879) a quatorze ans, quand la Vierge lui apparaît à Lourdes.

**saint Labre** : Benoît Joseph Labre (1748-1783), ascète français. Il mena une vie de pénitent pèlerin.

**sainte Marie Alacoque** : Marguerite-Marie Alacoque (1647-1690), religieuse visitandine, eut trois grandes visions du Christ.

**P. 87**

**« parpaillot »** : sobriquet donné par les catholiques aux réformés français (origine : le mot provençal *parpaioun*, papillon).

**P. 89**

**poule mouillée** : expression familière qui veut dire peureux, froussard; vocabulaire des enfants ou des parents.

**P. 90**

**anglaises** : boucles de cheveux longues et en spirale.

**P. 91**

**fusains** : arbustes à feuilles caduques, vert sombre; souvent employés dans la décoration des jardins.

**P. 93**

**manche de galalithe** : matière dure, synthétique, qui a servi à faire toute espèce d'objets dont des objets scolaires.

**P. 94**

**Quasimodo** : sonneur des cloches de Notre-Dame bossu, laid, capable de sentiments sublimes; héros bien connu du roman de V. Hugo *Notre-Dame de Paris*.

**P. 95**

**poinçonneur** : employé du métro chargé de poinçonner les billets à l'aide d'un appareil qui pourrait appartenir à une panoplie surréaliste; variété parisienne, en voie de disparition.

**P. 98**

**L'Oiseau bleu, Le Chat Botté** : le premier est un conte de M^me d'Aulnoy; le second, de Perrault.

**janissaires** : soldats de l'infanterie turque; souvent représentés à cheval et armés d'un sabre courbe appelé *cimeterre*.

P. 99

**margrave** : titre allemand donné aux seigneurs qui commandent les *marches* ou provinces frontières.

**je boulais ma prière** : en langage de théâtre, *bouler* signifie dire son texte à toute vitesse.

*la suite au prochain numéro* : formule mise à la fin de chaque partie d'un feuilleton. Le texte est toujours coupé à un moment dramatique.

P. 101

**Cyrano de Bergerac, L'Aiglon** : pièces fameuses d'Edmond Rostand (1897 et 1900); Sarah Bernhardt se tailla un succès personnel dans le rôle de l'Aiglon.

**Fachoda** : ville du Soudan; devant un ultimatum britannique, l'expédition française du capitaine Marchand doit se retirer; est ressenti en France comme une humiliation (mars 1899).

**épigones** : ceux de la deuxième génération.

**Arsène Lupin** : type de gentleman cambrioleur, héros des romans de Maurice Leblanc (1864-1941).

**déculottée de 1870** : terme familier, du vocabulaire juvénile, pour désigner une défaite très sévère.

P. 102

**Jules Favre (1809-1880)** : républicain, opposant de Napoléon III.

**Jules Ferry (1832-1893)** : homme politique de la III^e République, son nom est lié aux lois scolaires et à l'expansion coloniale française.

**Jules Grévy (1807-1891)** : président de la République de 1879 à 1887.

**le Châtelet** : théâtre sur la place du Châtelet; contient plus de 3 000 places pour pièces à grand spectacle.

**le musée Grévin** : musée de personnages de cire, fondé en 1882 par Alfred Grévin, dessinateur et caricaturiste.

P. 103

**cinéma du Panthéon** : salle de cinéma, bien connue des étudiants, située rue Victor-Cousin, et proche de la rue Soufflot.

**l'ouvreuse (ou ouvreur, plus rarement)** : personne chargée de placer les spectateurs au théâtre ou au cinéma.

P. 104

**Grottes de Fingal** : célèbres cavernes d'Écosse; ont inspiré une ouverture à Mendelssohn.

P. 105

**Stalag XII D** : désigne un des nombreux camps de prisonniers français en Allemagne pendant la seconde guerre mondiale; celui-ci se trouvait à Trèves sur la Moselle.

*Zigomar et Fantômas, Les Exploits de Maciste, Les Mystères de New York* : titre de films à épisodes, inspirés par des romans d'aventures.

**Gyp** : femme de lettres (1850-1932); a écrit de nombreux romans faciles et d'esprit réactionnaire.

**tambour vaudou** : instrument du culte vaudou; utilisé dans les orchestres de jazz.

**fantaisie-impromptu** : terme musical qui désigne une composition proche de la sonate.

P. 112

*Michel Strogoff* : l'un des romans de Jules Verne, le plus populaire sans doute, mis en films; paru en 1876.

P. 113

**Marcel Dunot** : héros de journaux d'enfants.

P. 114

**Badinguet** : surnom péjoratif donné à Napoléon III.

**Le Matin** : journal quotidien, fondé en 1882.

**le feuilleton de Michel Zévaco, Pardaillan** : Zevaco (1860-1918) est un romancier de cape et d'épée : Pardaillan est l'un de ses héros, d'inspiration libertaire. Ses romans étaient souvent publiés d'abord dans un journal, chaque partie était appelée *feuilleton*, se terminait par « la suite au prochain numéro »; de là vient l'expression *roman-feuilleton*.

P. 119

**Saint-Charlemagne** : fête des lycées et collèges, le 28 janvier.

P. 120

**Minou Drouet (née en 1947)**; jeune poétesse; l'authenticité de ses œuvres a été contestée.

P. 122

**Boussenard** : Louis Boussenard (1847-1910); voyageur, a écrit des romans d'aventures et d'exotisme.

**les mœurs de Fuégiens** : peuple de la Terre de Feu et de la Patagonie; exemple de primitifs, dans les classes de philosophie.

P. 123

**globe-trotters** : voyageurs qui parcourent la planète (le *globe*).

P. 126

**Gœtz von Berlichingen** : chevalier allemand (1480-1562), héros du drame de Goethe (1773), sous le même nom Sartre reprend le personnage dans sa pièce *Le Diable et le Bon Dieu* (1789).

### P. 127
**douceur de vivre** : expression utilisée par Talleyrand pour désigner les années avant 1914.

**ectoplasme** : en spiritisme, substance qui sortirait du médium en transe et formerait des fantômes d'êtres ou d'objets.

### P. 131
**il a la bosse de la littérature** : expression du vocabulaire scolaire, pour dire qu'un enfant a un certain don; a pour origine la théorie des bosses crâniennes de Gall.

### P. 132
**mastroquet** : marchand de vin au détail; petit bistrot.

**louis d'or** : pièce d'or, en usage en France, avant 1914.

### P. 136
**j'étais titularisé** : expression du vocabulaire universitaire : être titularisé, c'est devenir fonctionnaire de l'État Français, être assuré d'une carrière, de promotions régulières et d'une retraite.

### P. 137
**foutriquet** : petit homme de peu de cas.

### P. 138
**ma geste** : référence ironique à la chanson de **geste**.

**écrivain mineur** : écrivain qui n'atteint jamais la notoriété, ou qui se consacre à des genres *mineurs*.

### P. 139
**Swann** : l'un des personnages les plus importants de *A la recherche du temps perdu* de Marcel Proust. La citation, d'ailleurs tronquée, faite par Sartre se trouve à la fin de *Un amour de Swann*.

### P. 142
**face au sénat** : le Sénat est dans le jardin du Luxembourg; le bassin dont parle Sartre est bien connu des étudiants.

### P. 143
**les Turcos** : nom donné par les Russes aux tirailleurs algériens pendant la guerre de Crimée.

### P. 146
**une posada** : nom des auberges en Espagne.

### P. 147
**chevalier de la Triste Figure** : désigne Don Quichotte.

P. 148

**Pardaillan et Fausta** : héros du roman de Michel Zévaco.

*Les Misérables, La Légende des Siècles,* **Jean Valjean, Eviradnus** : Jean Valjean est un des héros du roman de V. Hugo, *Les Misérables* (1862) : forçat au grand cœur.

**La Légende des siècles** : grand poème épique de Victor Hugo, où il a voulu retracer l'épopée de l'Humanité. Parmi les légendes racontées, on trouve *Eviradnus,* légende germanique.

**Silvio Pellico** : écrivain italien (1789-1854), fait quinze ans de prison dans le Spielberg; son livre *Mes Prisons* (1832) fut un classique des bibliothèques de jeunes.

**André Chénier** : poète français (1762-1794), meurt guillotiné.

**Étienne Dolet** : imprimeur humaniste (1509-1546); pendu et brûlé place Maubert, pour avoir nié l'immortalité de l'âme.

**Byron** : poète anglais (1788-1824), mort à Missolonghi, en luttant pour l'indépendance de la Grèce.

**Hugo, de Guernesey...** : allusion à l'exil de Victor Hugo à l'île de Guernesey, pendant leSecond Empire.

**dreyfusard** : partisan de l'innocence du capitaine Dreyfus.

P. 149

**Zola** : chef de l'école naturaliste (1840-1902); défenseur fameux de Dreyfus; on connaît son article *J'accuse.*

**Grisélidis** : héroïne d'une légende reprise, en particulier, dans un conte de Perrault.

**l'Excelsior** : journal quotidien et illustré, fondé en 1910.

**M. Lépine** : Louis Lépine (1846-1933), célèbre préfet de police de Paris (de 1893 à 1912, sauf une interruption de deux ans).

**Pams** : candidat malheureux à la Présidence de la République, contre Raymond Poincaré.

**Poincaré** : il s'agit ici de Raymond Poincaré (1860-1934); il fut président de la République de 1913 à 1920.

**radical** : le parti radical, pendant la III$^e$ République, a incarné la « gauche » française : d'abord réformiste, il est devenu un parti centriste.

P. 150

**Fallières** : Président de la République, de 1906 à 1913.

P. 151

**cathare** : allusion à l'« hérésie » cathare qui s'est surtout développée dans le Sud de la France, du XI$^e$ au XII$^e$ siècle : mystique de la pureté, d'origine manichéenne.

P. 152

**travailleur en chambre** : homme, ou femme surtout, qui ne travaille pas dans un bureau, un magasin ou une usine.

**Parsifal** : drame de Wagner; sa dernière œuvre.

**Chantecler** : pièce de Rostand (1910) qui met en scène des animaux autour du coq, *Chantecler,* symbole de la France.

**le sautoir des Muses** : ici, *sautoir* signifie chaîne portée en collier.

P. 153

**la Nationale** : abréviation courante pour la Bibliothèque Nationale, rue de Richelieu, à Paris.

P. 158

**Violetta** : héroïne de *Pardaillan,* roman de Michel Zevaco.

P. 160

**le Balzar** : café connu du quartier latin, rue des Écoles, près du boulevard Saint-Michel.

**un bock** : un verre de bière, de quantité inférieure au *demi.*

**un galopin** : verre de bière, encore plus petit.

P. 163

**Gribouille** : type populaire naïf; exemple symbolique : se jette à l'eau de peur d'être mouillé par la pluie.

**babillarde** : familièrement, désigne une lettre; sens étendu ici à la conscience.

P. 165

**Nizan** : écrivain français (1905-1940); romancier d'inspiration marxiste, critique de la société bourgeoise.

**Borsalino** : un type de chapeau d'enfant, alors à la mode. Ce même chapeau pour petite fille s'appelait *Mélusine.*

**turne** : nom de la chambre d'étudiants, à l'École Normale Supérieure de la rue d'Ulm.

P. 171

**Jean-Sébastien, Jean-Jacques, Jean-Baptiste** : allusions claires à Bach, Rousseau, Molière.

P. 174

**Thémistocle** : Athénien (525-460 av. J.-C.), héros de la victoire de Salamine où les Grecs vainquirent les Perses (480 av. J.-C.).

**Philippe Auguste** : populaire roi de France (1165-1223), célèbre par sa lutte contre les Anglais (sa victoire à Bouvines en 1214); mata la noblesse; soutint les marchands.

P. 175

**Père-Lachaise** : célèbre cimetière parisien.

**Panthéon** : célèbre monument parisien, à la gloire des grands hommes; en haut de la rue Soufflot.

**Sainte-Anne** : hôpital psychiatrique parisien.

P. 177

**Jo Valle** : auteur de romans d'aventures, tels que *L'Aigle des Andes*, *Les Mille et un tours de l'espiègle Lili* (1917), *Le héros de Fachoda* (1937).

P. 180

**les Pygmées** : peuple de la forêt équatoriale africaine.

P. 181

**Nick Carter, Buffalo Bill, Texas Jack, Sitting Bull** : personnages du folklore américain, utilisés dans les journaux d'enfants.

**gare d'Orsay, gare d'Austerlitz** : deux des grandes gares parisiennes.

*Un crime en ballon...* : titres de récits d'aventures dans les journaux d'enfants.

P. 185

**cours ex cathedra** : expression consacrée pour désigner les cours à l'université ou même au lycée; le professeur parle du haut de sa chaire, l'étudiant prend des notes en silence.

P. 186

**promis de me « suivre »** : dans le langage scolaire, signifie qu'un professeur *suivra* avec attention le travail d'un écolier.

P. 187

**hôtel des Grands Hommes, statue de Jean-Jacques Rousseau** : cet hôtel est sur la place du Panthéon, bien connue des étudiants; de même pour la statue de Rousseau.

**feintant..., sa passe...** : termes de jeu; *feinter*, c'est éviter l'adversaire par une feinte; la *passe* consiste à *passer* la balle à un coéquipier.

P. 188

**les demi-pensionnaires, les internes, les externes libres, externe d'honneur** : termes qui désignent diverses catégories d'élèves de lycées : les *internes* vivent au lycée; les *externes libres* y viennent pour les classes, les *demi-pensionnaires* y prennent le repas du midi; il y a aussi les *externes surveillés* qui restent après les classes pour les *études*.

P. 191 .

**superprix d'excellence** : à la distribution des prix, il y a un prix donné au meilleur élève en toutes matières, et appelé *prix d'excellence*; convoité par tous les « bons élèves ».

**la classe de cinquième A 1 (un)** : les classes de l'enseignement secondaire français vont en montant, de la *sixième à la première* (l'ancienne rhétorique) et aux classes *terminales*; *A* désignait à l'époque l'enseignement classique avec latin et grec.

P. 193

**névrose caractérielle** : troubles du caractère.

P. 194

**tests projectifs** : les plus connus sont les tests de Rorschach, permettant de déceler la personnalité à partir de signes objectifs tels que dessins ou taches.

P. 195

**Giacometti** : sculpteur suisse (1901-1966).

P. 197

**la rougeole ou le coryza**; la première est la maladie d'enfant la plus attendue; le second est le vulgaire rhume de cerveau.

P. 198

**la robe prétexte** : vêtement blanc bordé de pourpre, porté par les enfants romains à l'âge de la puberté.

**in aeternum** : dans l'éternité. Expression latine d'usage scolaire.

P. 199

**j'avais fourré** : expression familière pour dire *mettre quelque chose quelque part, et en désordre, en entassant.*

*Les Mouches,* **Oreste** : allusion à la première pièce de Sartre, jouée en 1943 à Paris.

P. 204

**utilités** : acteurs qui jouent des rôles secondaires.

P. 205

**butoir d'arrivée** : dans les gares, bloc avec deux tampons, contre lequel les trains viennent s'arrêter.

P. 207

**sur les nerfs** : expression familière qui veut dire : *dans une tension nerveuse extrême.*

**jersey, cache-nez, paletot** : parties de l'habillement du bon écolier, un peu trop entouré par une mère inquiète.

*Les Aventures du Capitaine Corcoran :* roman de Jules Verne.

P. 209

**ersatz** : mot allemand pour désigner un produit de remplacement.

P. 211

**j'avais la berlue** : expression familière : j'avais des visions.

*La Nausée,* **Roquentin (p. 210)** : référence au personnage central du premier roman de Sartre, *La Nausée,* publié en 1938. C'est le futur écrivain qui se cherche et finalement trouve sa vocation.

P. 212

*Nulla dies sine linea : pas un seul jour sans écrire,* proverbe latin.

# Bibliographie

Pour faire des recherches bibliographiques sur l'œuvre de Sartre, le meilleur instrument de travail est *Les Écrits de Sartre*, par Michel Contat et Michel Rybalka, Gallimard, Paris, 1970. La bibliographie proposée ici sera très sélective, qu'elle cite les œuvres elles-mêmes de l'auteur, ou les études critiques. Je me limiterai dans les deux cas à ce que je crois être le plus important et le plus significatif pour *Les Mots*. Toutes les œuvres de Sartre sont publiées par les Éditions Gallimard (sauf exceptions mentionnées).

## L'œuvre de Sartre

PHILOSOPHIE :

1939 : Esquisse d'une théorie des émotions; 1940 : L'Imaginaire, psychologie phénoménologique de l'imagination; 1943 : L'Être et le Néant, essai d'ontologie phénoménologique; 1960 : Critique de la Raison dialectique, précédé de Questions de méthode, t. I, Théorie des Ensembles pratiques; 1965 : La Transcendance de l'Ego, Esquisse d'une description phénoménologique (Vrin, Paris; ce livre a été publié pour la première fois par la revue *Recherches Philosophiques*, en 1936).

ESSAIS CRITIQUES (art, littérature, politique) :

La plupart des études critiques de Sartre, publiées une première fois soit comme articles de revue (en particulier dans *Les Temps Modernes*), soit en volume séparé, ont été rassemblés sous le titre *Situations* : 9 volumes. On trouvera *Qu'est-ce la littérature?* dans *Situations II* (1948). Les textes sur la relation entre Sartre, l'existentialisme, le marxisme et le parti communiste se trouvent surtout dans *Situations VI* et *VII*, parus en 1964 et 1965.

Autres essais importants :

1947 : Baudelaire; 1952 : Saint Genet, comédien et martyr; 1971 : L'Idiot de la famille, Gustave Flaubert de 1821 à 1857, t. I et II. 1972 : L'Idiot de la famille, Gustave Flaubert de 1821 à 1857, t. III;

Romans et nouvelles :

1938 : La Nausée; 1939 : Le Mur (recueil de nouvelles qui comprend les nouvelles suivantes : Le Mur, La Chambre, Érostrate, Intimité, L'Enfance d'un Chef; 1945 : Les Chemins de la liberté; 1. L'Age de raison; 2. Le Sursis; 1949 : Les Chemins de la liberté; 3. La Mort dans l'âme.

Théâtre et cinéma :

1943 : Les Mouches; 1944 : Huis clos; 1946 : La Putain respectueuse; 1947 : Les Jeux sont faits (scénario); 1948 : Les Mains sales; 1951 : Le Diable et le Bon Dieu; 1954 : Adaptation de *Kean* d'Alexandre Dumas; 1955 : Nekrassov; 1960 : Les Séquestrés d'Altona; 1965 : Adaptation de *Les Troyennes* d'Euripide.

# Études critiques sur l'œuvre de Sartre

René-M. Albérès, *Jean-Paul Sartre*, Éd. Universitaires, éd. remaniée, augmentée et mise à jour, 1967;

Colette Audry, *Sartre et la réalité humaine*, Seghers, 1966;

Laurent Gagnepin, *Connaître Sartre*, éditions Resma, Paris 1972;

Francis Jeanson, *Sartre par lui-même*, Éd. du Seuil, 1955;

Régis Jolivet, *Sartre ou la théologie de l'absurde*, Fayard, 1965;

Suzanne Lilar, *A propos de Sartre et l'amour*, Grasset, 1967;

André Niel, *Jean-Paul Sartre, essai sur le drame de la pensée occidentale*, Le Courrier du livre, 1966;

Gilbert Varet, *L'Ontologie de Sartre*, Presses Universitaires de France, 1948.

Pierre Verstraeten, Violence et Ethique, Esquisse d'une critique de la morale dialectique. A partir du théâtre politique de Sartre, Gallimard, 1972.

*L'Arc,* janvier-mars 1967, numéro consacré à Sartre.

## Études critiques sur « Les Mots »

Des renseignements fort utiles pour l'interprétation des *Mots* se trouvent dans les deux livres de mémoires de Simone de Beauvoir, *La Force des Choses* (Gallimard, 1963) et *Tout compte fait* (Gallimard, 1972). A ma connaissance, une seule étude d'ensemble vient d'être publiée : A. James Arnold et Jean-Pierre Piriou, *Genèse et Critique d'une autobiographie, Les Mots de Jean-Paul Sartre,* archives des *Lettres Modernes,* n° 44, 1973. Cette étude de 63 pages est une interprétation psychanalytique des *Mots* où Sartre se voit attribuer, de façon arbitraire et au niveau d'une psychanalyse familiale, un nouveau complexe, *Le complexe de Grisélidis.* Le texte de Sartre invite sans doute à ce genre d'exercice. Le lecteur non prévenu se rappellera que le vrai problème critique, en ce domaine, n'est pas, à proprement parler, une psychanalyse de Sartre, mais une étude sérieuse et théorique de la relation entre existentialisme et psychanalyse.

Comme le dit Jacqueline Piatier dans son interview du 18 avril 1964, toute la presse littéraire et politique s'est intéressée aux *Mots.* Nous retiendrons les articles suivants :

Jean Dutourd, *Le petit Jean-Paul* (sur *Les Mots*), N.R.F., mars 1964;

Gaëtan Picon, *Sur les Mots,* Mercure de France, octobre 1964;

Jean Raymond, *Les Mots de Jean-Paul Sartre,* Cahiers du Sud, mai-juin 1964;

Philippe Senart, *Jean-Paul Sartre ou l'enfant du miracle,* La Table Ronde, avril 1964.

Il serait intéressant de lire les critiques consacrées à *L'Idiot de la famille,* puisque l'énorme étude sur Flaubert est la vraie suite des *Mots;* à titre d'exemple, Michel Contat et Michel Rybalka, *Sartre et Flaubert, L'Idiot de la famille,* un an après, *Le Monde,* 30 juin 1972; des mêmes *Un entretien avec Jean-Paul Sartre, Le Monde,* 14 mai 1971; Pierre Daix, *Le Flaubert de Sartre, Les Lettres Françaises,* 19 mai, 26 mai, 2 juin 1971; J. Lecarme, *Sartre et son double,* N.R.F. 1972.

# Table

La photographie de couverture est de Roger-Viollet.

Imprimé en France par Berger-Levrault à Nancy - 778212-5-75.
Dépôt légal n° 773-5-75. Collection n° 05. Édition n° 01.

 15/4503/7 ISBN 2-01-001640-8